5分後に起こる恐怖

世にも奇妙なストーリー

影彷徨う町

AUTHOR
黒　史郎
尼野ゆたか
大橋崇行
竹林七草
針谷卓史

西東社

「行ってきます」
いつものように家を出た私は、いつもと違《ちが》って、駅とは反対のほうに歩きだした。
今日は学校へは行かない。休むと決めたからだ。
もちろん、無断《むだん》欠席だ。
きっとすぐ学校から家に連絡《れんらく》が入るだろう。
親に心配をかけるし、叱《しか》られるだろうけど、それでも構《かま》わない。
私には、学校へ行かない理由があるからだ。

――二日前、友達が死んでしまった。
皆川《みながわ》紫音《しおん》は幼稚園《ようちえん》のころからの幼《おさな》なじみだった。
小中高もずっと一緒《いっしょ》だった、私のいちばんの友達――親友だ。
その彼女が突然《とつぜん》、駅近くのマンションから飛び降《お》りた。
遺書《いしょ》も残さずに……。
信じられなかった。
嘘《うそ》だと言ってほしかった。

あんなに明るくて元気だった紫音《しおん》が、どうして？
兆候《ちょうこう》はまったくなかった。
彼女は悩《なや》みをかかえこむようなタイプじゃなかった。
悩《なや》んでいたとしても私に必ず相談したはずだ。
紫音《しおん》は精神的《せいしんてき》にとても強い子だ。
何にもくじけず、笑い飛ばせる、たくましい心を持っていた。
ケンカっぱやく、ちょっとヤンチャなところもあった。
けれど、熱い気持ちを持っていて、生命力の塊《かたまり》のような子だった。
だから、私は知りたかったんだ。
あの日——紫音《しおん》がこの世を去ることを決めた朝——彼女に何があったのか。
それを知るために、紫音《しおん》が死ぬ直前までの行動を辿《たど》ってみようと考えた。
彼女がどこを歩き、何を見聞きし、そこへ向かったのか。
そして、そこで何を考え、なぜあんな最期《さいご》を選んだのか。
親友の死の謎《なぞ》を解《と》くため、今日、私は学校を休むのだ。

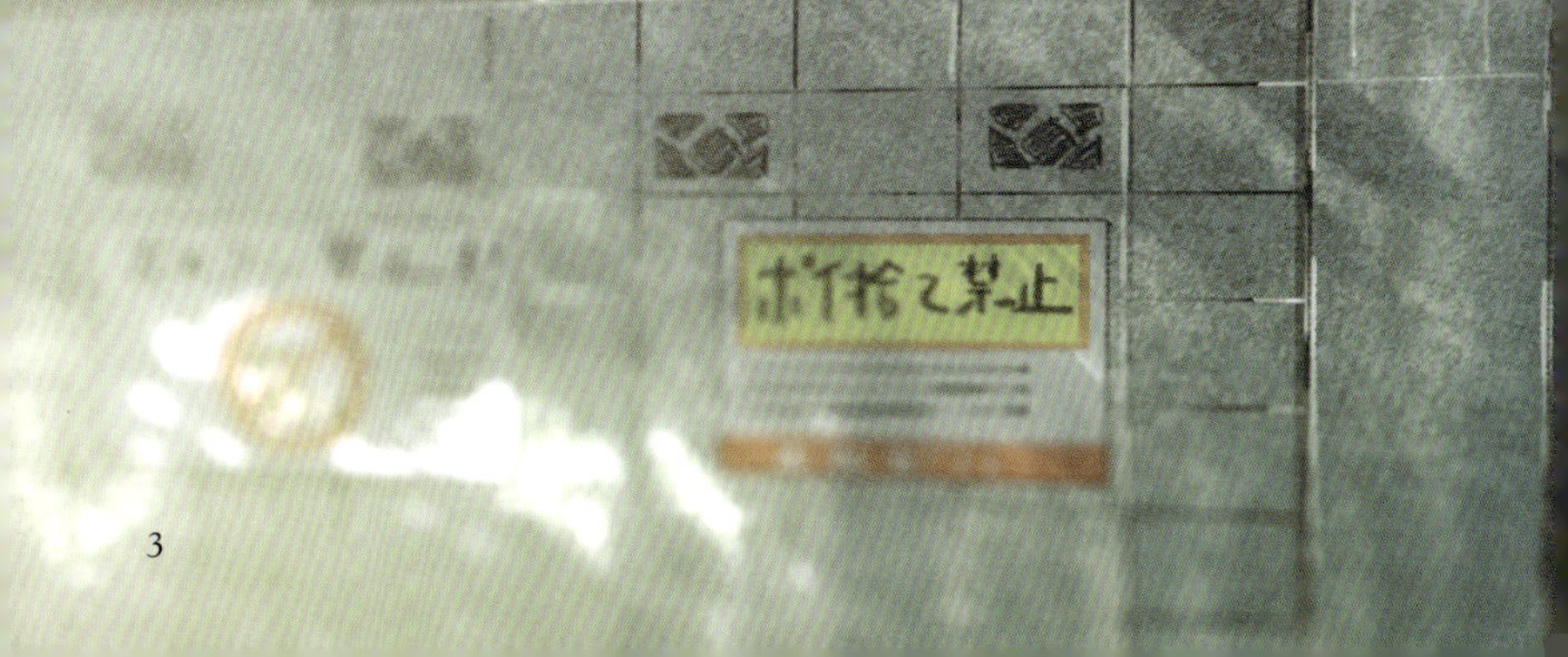

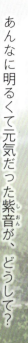

学校や職場《しょくば》へ向かう人たちは、表情《ひょうじょう》のない顔で決まった道を同じ歩調で移動《いどう》している。

赤信号で同時にピタリと歩みを止め、青信号になると一斉《いっせい》に歩きだす。

歩きタバコをする人や歩きスマホをする人もいない。

違法駐車《いほうちゅうしゃ》の自転車など一台も置いてない広々とした大通りを、

駅に向かってまっすぐ前を見て、姿勢《しせい》よく歩いていく。

まるでロボットみたいだなと思った。

そんなロボットたちの流れに一人逆《さか》らって歩く。

昨日の自分はこの流れの中にいたんだと不思議な気持ちになる。

昨日の紫音《しおん》もこの道を歩き、この光景を見ていたはずだ。

その時、彼女も私と同じことを考えたのだろうか。

『飛びだし注意！』

『ゴミのポイ捨て禁止《きんし》』

『交通ルールを守ろう』

こういうポスターや看板《かんばん》を、町のいたるところで見かける。
私たちは多くのルールの上で生きていることを実感する。
紫音《しおん》は日々それを感じ、息苦しさをおぼえていた。
彼女は小さいころからルールを守ることが苦手だった。
誰《だれ》かの決めたルールに黙《だま》って従《したが》うことに抵抗《ていこう》した。
あらゆるルールを無視《むし》し、拒《こば》み、逆《さか》らってきた。

授業《じゅぎょう》中に大声で話し始める。
制服《せいふく》があるのに平然と私服《しふく》で登校する。
図書室でイヤホンから盛大《せいだい》に音漏《おとも》れをさせて音楽を聴《き》く。
廊下《ろうか》だってドタドタと大きな足音を立てて全力疾走《しっそう》する。
学校では前代未聞《ぜんだいみもん》の問題児とされ、何度も親を呼《よ》び出されていた。
でも、彼女は反省する態度《たいど》を一度も見せなかった。
誰《だれ》よりも明るく自由でのびのびと日々をすごしているように見えた。
朝から気だるい時は午後に登校してくる。

学校に来ても退屈《たいくつ》になったら無断《むだん》で早退《そうたい》してしまう。
他に楽しいことを思いつけば一日中、教室に顔を出さないこともあった。
自由すぎる紫音《しおん》は疎《うと》ましく思われていたようだ。
陰《かげ》でこそこそと彼女の悪口を言うクラスメートもいた。
その他の人たちも紫音《しおん》とは目も合わさなかった。
まるで彼女が存在《そんざい》していないかのように無視《むし》し続けていた。
でも、彼女はそんなこともお構《かま》いなしだ。
何にも縛《しば》られずに自由に生きる紫音《しおん》。
私は彼女をずっとうらやましく見ていたのだ。
私には彼女のような自由な生き方はできなかったから――。
でも――今日生まれて初めて、私はルールを破《やぶ》った。
少しでも、あの日の紫音《しおん》の心に近づきたかったから。
あの日の朝、私は紫音《しおん》とメッセージのやりとりをした。
『おはよー。今日はちょっと遅刻《ちこく》していくわぁ』

『おはよ。何時限目《じげんめ》から来る？』
『わかんない。もしかしたら一日サボるかも』
『ずるいなあ。ほんと、紫音《しおん》は自由でいいよね』
『へへ。サボるのにちょうどいい場所を見つけちゃってさ』
『へえ、どこどこ？』
『内緒《ないしょ》。私の秘密《ひみつ》のオアシスだから』
『ケチー、教えてよー』
『ずっと私が行きたかったところ。あんたも知ってるよ』
まさか、この数十分後に紫音《しおん》が死ぬなんて考えもしなかった。
紫音《しおん》本人もそのつもりはなかったんじゃないだろうか。
そう。紫音《しおん》は自殺なんかじゃない。私はそう思っている。

——秘密《ひみつ》のオアシス。
そこが紫音《しおん》の飛び降《お》りた場所で、今私が向かっている場所。
紫音《しおん》はその場所のヒントを送ってくれていた。

それは、その場所へ辿《たど》り着くまでのルートだった。

『私にしか行けない場所だよ。ここに来たいなら、家を出たらすぐ、私の性格《せいかく》を考えながら歩いてみて』

結局、彼女が死んだことで、どこかわかってしまったんだけれど。

紫音《しおん》の性格《せいかく》を考えて歩く。

つまり、ひたすらルールを無視《むし》して突《つ》き進むということ。

だから私は家を出ると、通学に使う駅の方向とは逆の道へと歩きだした。

そう。学校へ行くというルールを無視《むし》した。

それから普通《ふつう》の人なら通らないような道を探《さが》す。

紫音《しおん》は小さいころから、入ってはいけないところに入っていった。

それを思い出した私は『立入禁止《きんし》』の看板《かんばん》がないか見回す。

見渡《みわた》すと、その看板《かんばん》は工事現場《げんば》や私有地《しゆうち》に立ち並《なら》んでいた。

工事現場《げんば》は足もとにさえ気をつければ簡単《かんたん》に通ることができた。

けれど、私有地《しゆうち》は他人の土地だから見つかれば当然怒《おこ》られる。

下手《へた》をすれば通報《つうほう》されるだろう。

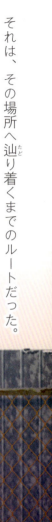

人目につかないように細心の注意をはらって通り抜《ぬ》けた。
そんなにうまく『立入禁止《きんし》』の看板《かんばん》が続くものかと思う。
でも紫音《しおん》が道標《みちしるべ》を置いてくれたように目的地までつながっていく。
辿《たど》り着いたのは、陰気《いんき》なたたずまいの十階建てマンションだった。
縦《たて》に細長い造《つく》りで、色が灰色《はいいろ》なので墓石《はかいし》のようだ。
外壁《がいへき》にはあちこちにヒビが見える。
そこからにじみ出した何かの黒い染《し》み。
その跡《あと》が、ぬれた黒髪《くろかみ》を頭からザブリとかぶっているようにも見える。
入口には黄色と黒の縞《しま》ロープが何重にも張《は》られていた。
『今すぐひきかえせ』
ロープには赤い文字で書き殴《なぐ》られたボードが下がっている。
私はここを知っていた。
私が生まれる前から建っていたマンションだ。
私がこの建物を知った時には、すでにここは廃墟《はいきょ》だった。

人が住んでいたころから飛び降《お》り自殺の多い場所だったらしい。
お祓《はら》いもしたが効果《こうか》はなく、呪《のろ》われたマンションと言われていた。
だから、町の大人たちは、私たちに何度も釘《くぎ》を刺《さ》した。
『絶対《ぜったい》にあのマンションへは行くな』

最後の住人が出て行ってからはずっと人の出入りがなく、
噂《うわさ》では管理会社も逃《に》げ出してしまったと言われている。
『今すぐひきかえせ』はただの注意勧告ではないはずだ。
今でもここから飛び降《お》りる人が多いから――
そういう人たちへ向けた最後の説得なのだろう。
薄暗《うすぐら》いエントランスに入ると、鞄《かばん》から懐中電灯《かいちゅうでんとう》を取り出す。
掲示板《けいじばん》には、黄ばんだ紙が画びょうで留《と》められていた。
『屋上への立ち入りを固く禁《きん》じます』と太いペンで書かれている。
こんなもの、紫音《しおん》には逆効果《ぎゃくこうか》だ。
エレベーター脇《わき》にはペンキのはがれかかった鉄扉《てっぴ》がある。

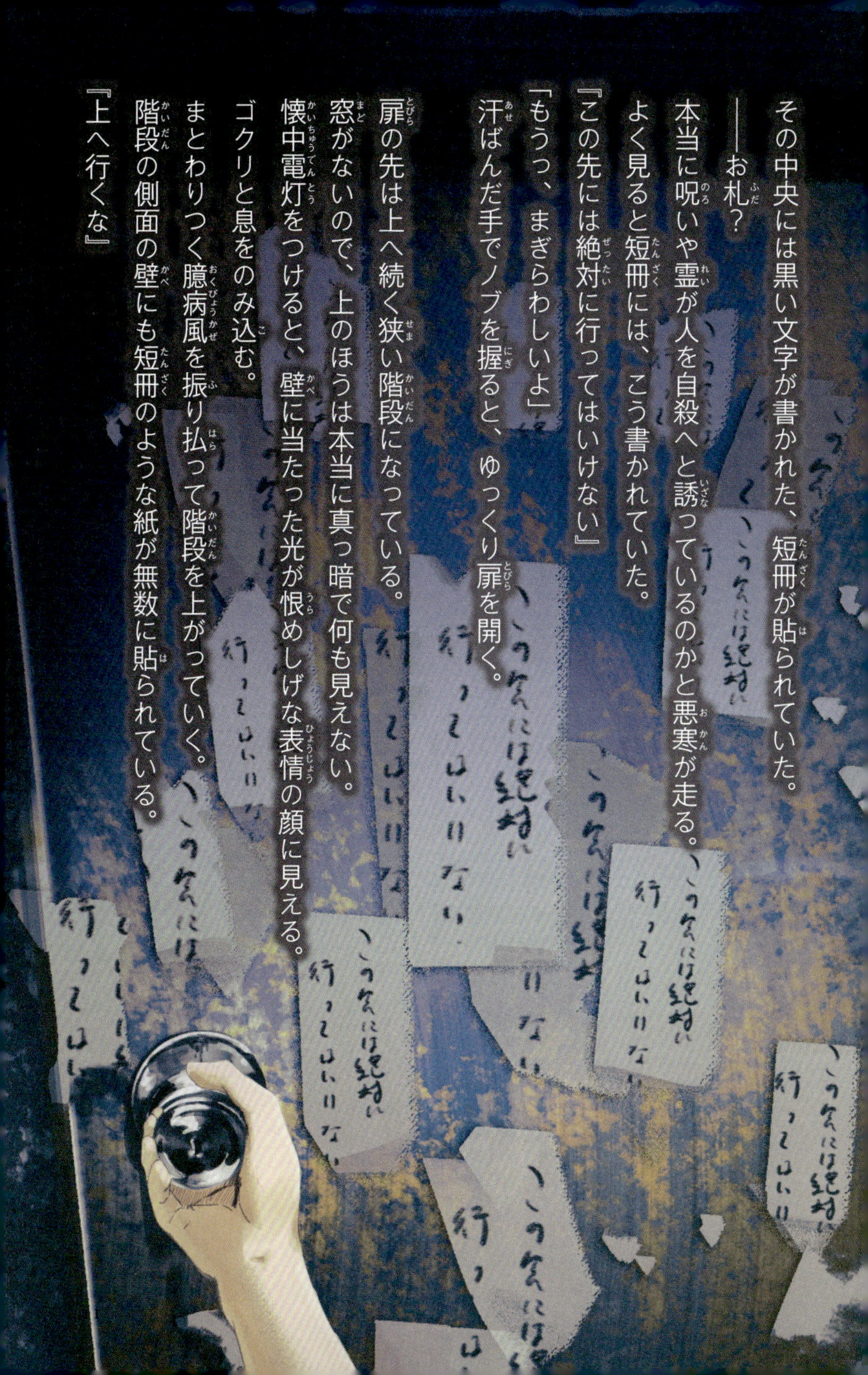

その中央には黒い文字が書かれた、短冊《たんざく》が貼《は》られていた。

——お札《ふだ》？

本当に呪《のろ》いや霊《れい》が人を自殺へと誘《いざな》っているのかと悪寒《おかん》が走る。

よく見ると短冊《たんざく》には、こう書かれていた。

『この先には絶対《ぜったい》に行ってはいけない』

「もうっ、まぎらわしいよ」

汗《あせ》ばんだ手でノブを握《にぎ》ると、ゆっくり扉《とびら》を開く。

扉《とびら》の先は上へ続く狭《せま》い階段《かいだん》になっている。

窓《まど》がないので、上のほうは本当に真っ暗で何も見えない。

懐中電灯《かいちゅうでんとう》をつけると、壁《かべ》に当たった光が恨《うら》めしげな表情《ひょうじょう》の顔に見える。

ゴクリと息をのみ込《こ》む。

まとわりつく臆病風《おくびょうかぜ》を振《ふ》り払《はら》って階段《かいだん》を上がっていく。

階段《かいだん》の側面の壁《かべ》にも短冊《たんざく》のような紙が無数に貼《は》られている。

『上へ行くな』

『今すぐ戻《もど》れ』
『引き返せ』
『今なら間に合うぞ』
何百枚《まい》もの執拗《しつよう》な言葉が、屋上へ行くのを引き止めようとしている。
その一筆一筆が放つ真剣《しんけん》さは、切実だった。
何百もの必死な説得を無視《むし》して屋上へと辿《たど》り着けるのは——
よほど自殺をしたい人か、紫音《しおん》くらいだろう。

真っ暗な階段《かいだん》を一段《だん》ずつ慎重《しんちょう》に上ぼる。
心細さの中、紫音《しおん》から聞いた言葉を思い出していた。
「私さ、高校を卒業したら、この町を出たいんだ。
ううん、絶対《ぜったい》に出てやるんだ。この町が好きじゃないから。
この町はなんだか変だよ。
どこを見ても、あれをするな、これをするな。
ルールを守れ、そんなのばっかりでさ。

誰《だれ》が考えたかもわからないポスターや看板《かんばん》の言葉——
そんなものに、どうしてみんな言いなりになっているのかな。
この町にあるルールは、誰《だれ》が考えているのかな。
誰《だれ》のための、誰《だれ》が得をするルールなのかな。
その誰《だれ》かは、町をそんなにキチンとさせて、どうしたいのかな？
こんなことを考える私って、変なのかな？」
紫音《しおん》が悩《なや》みっぽいことを私に告白したのは、この時が最初で最後だ。
彼女はルールだらけのこの町に疑問《ぎもん》を感じていたんだ。

ここで階段《かいだん》は終わり、鉄扉《てっぴ》が現《あらわ》れる。
扉《とびら》の中央には最後の忠告《ちゅうこく》が貼《は》られていた。
『死にたくなければ、ここから先には行くな』
自殺を引き止める言葉にしては少し乱暴《らんぼう》だなと思った。
この先の屋上《オアシス》に、紫音《しおん》が自ら命を絶《た》った理由はあるだろうか。
それとも、ただの屋上があるだけだろうか。

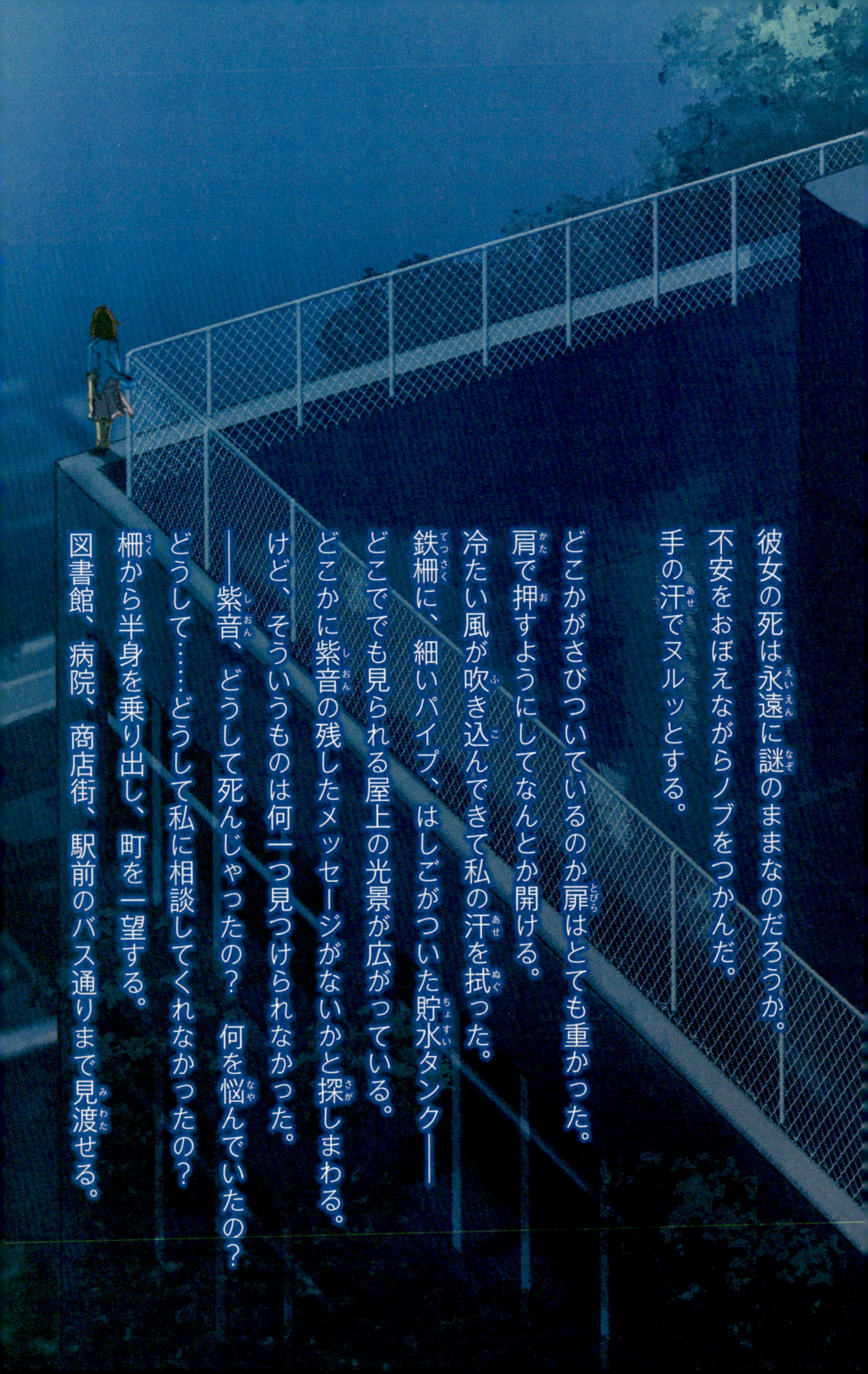

彼女の死は永遠《えいえん》に謎《なぞ》のままなのだろうか。
不安をおぼえながらノブをつかんだ。
手の汗《あせ》でヌルッとする。

どこかがさびついているのか扉《とびら》はとても重かった。
肩《かた》で押《お》すようにしてなんとか開ける。
冷たい風が吹《ふ》き込《こ》んできて私の汗《あせ》を拭《ぬぐ》った。
鉄柵《てっさく》に、細いパイプ、はしごがついた貯水《ちょすい》タンク――
どこでも見られる屋上の光景が広がっている。
どこかに紫音《しおん》の残したメッセージがないかと探《さが》しまわる。
けど、そういうものは何一つ見つけられなかった。
――紫音《しおん》、どうして死んじゃったの？　何を悩《なや》んでいたの？
どうして……どうして私に相談してくれなかったの？
柵《さく》から半身を乗り出し、町を一望する。
図書館、病院、商店街、駅前のバス通りまで見渡《みわた》せる。

紫音《しおん》の嫌《きら》っていた町は――
人々を循環《じゅんかん》させる回路のように見えた。
彼女も、この光景を見ていたのだろうか。
味気ない町並《まちな》みを見ていた私は、あることに気づいた。
企業《きぎょう》ビルや大型量販店《りょうはんてん》の店舗《てんぽ》、医療施設《いりょうしせつ》などの看板《かんばん》――
その中に、妙《みょう》に目に残る文字がある。
微妙《びみょう》に傾《かたむ》いていたり、一部の文字だけ色が違《ちが》っていたり。
それらの文字の一つひとつがだんだんと強い存在感《そんざいかん》を放ちだす。
私の頭の中で勝手に並《なら》べ替《か》えられて、言葉を作り上げる。

ト　ビ　オ　リ　ロ

その言葉にはなぜか、抗《あらが》うことのできない力があった。
私は鞄《かばん》を下ろし、柵《さく》を乗り越《こ》える。
やっぱり、紫音《しおん》は自ら死を選んだわけじゃなかった。

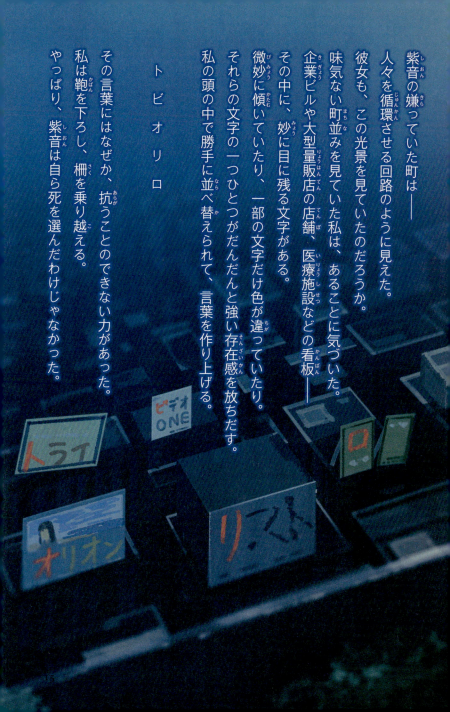

町が決めたことなんだ。
ルールに従《したが》わない住人は、この町にはいらない。
そういうことだ。

ここに来るまで町の言葉に従《したが》う機会は何度もあった。
『立入禁止《きんし》』
『ひきかえせ』
『先には行くな』
いや、もっと前から大人たちはこう言っていた。
『絶対《ぜったい》にあのマンションへは行くな』と。
この中の一つにでも従《したが》っていれば——。
紫音《しおん》も、私も、こうして飛び降《お》りずに済《す》んだのだ。

もくじ

時計屋敷《やしき》

この町にはゴミ屋敷《やしき》がある。

生ゴミやペットボトル、壊《こわ》れた家電や古雑誌《ふるざっし》をため込《こ》んでいるわけではない。

二階建ての立派《りっぱ》な邸宅《ていたく》の外壁《がいへき》に、壁掛《かべか》け時計がすきまなくびっしりと掛《か》けられている。庭の木の枝《えだ》や玄関《げんかん》のひさしからは、ミノムシのように腕時計《うでどけい》が何十本、何百本もぶらさがり、足元にも地面が見えないほど置き時計が敷《し》き詰《つ》められている。

家の外だけではない。まるで家の中で増殖《ぞうしょく》したものが外へあふれ出したかのように、割《わ》れた窓《まど》や半開きの玄関《げんかん》ドアのすきまから、大量の時計が外へと流れ出している。

――そう。この家にあるゴミはすべて、時計なのである。

ツタの這《は》うブロック塀《べい》に囲われた広い敷地《しきち》。そのあちこちには、ありとあらゆる種類、形《けい》状《じょう》、年代の時計が集められている。

町の住民はこの異様《いよう》な建物を、時計屋敷《やしき》と呼《よ》んでいた。

「こんなお化け屋敷《やしき》みたいな家が目の前にあるなんて気味悪くないの?」

木元玲香《きもとれいか》は窓《まど》に顔を近づけて、向かいにある屋敷《やしき》を見ながら眉《まゆ》をひそめた。

「ぼくが生まれる前からずっとあったんで、もう慣《な》れましたよ。何か飲みます?」

冷蔵庫《れいぞうこ》の中をのぞきながら日野悠太《ひのゆうた》が聞くと、「お茶」と返ってきた。緑茶をコップに入れて持っていくと玲香《れいか》はグイッとあおり、ぷはぁ、と口元を腕《うで》で拭《ぬぐ》ってコップを返す。

「さて、じゃあそろそろ行こうか、突撃《とつげき》取材に」


玲香《れいか》は悠太《ゆうた》の通っている大学の二学年上の卒業生で、サークルの先輩《せんぱい》。現在《げんざい》は記事を書いて出版社《しゅっぱんしゃ》などに持ち込《こ》んでいる。おもにオカルト系《けい》やゴシップ系《けい》の雑誌《ざっし》に記事を寄稿《きこう》し、扱《あつか》うネタは心霊《しんれい》、未確認《みかくにん》飛行物体(UFO)、未確認《みかくにん》生物(UMA)、陰謀論《いんぼうろん》に芸能《げいのう》ゴシップとなんでもアリ。本人は雑食系《ざっしょくけい》ライターを自称《じしょう》していた。

人一倍、好奇心《こうきしん》が強く、おもしろい体験をするためなら多少の危険《きけん》は顧《かえり》みない。学生時代から深夜の樹海《じゅかい》や廃病院《はいびょういん》など、誰《だれ》もが尻込《しりご》みするような場所に足を運んで無茶をしていた。

彼女にとって今の仕事はまさに天職《てんしょく》だと言えるのだが、そうそう良いネタが転がっているわけもなく。悠太《ゆうた》は電話で呼《よ》び出されるたびに、「ねぇ、なにかいいネタない?」と聞かれるので困《こま》っていた。

よほどネタがないのか、「宇宙人《うちゅうじん》に誘拐《ゆうかい》されてみない?」とUFOを呼《よ》び出す儀式《ぎしき》に誘《さそ》ってきたり、秘密《ひみつ》結社に潜入《せんにゅう》取材をするんだと言って怪《あや》しげな団体《だんたい》のパンフレットを見せてきたりもした。いよいよネタに困《こま》ると「君、金星から移住《いじゅう》してきた金星人ってことにしない?」と、かなり雑《ざつ》なねつ造《ぞう》記事の協力まで求めてくる。

今日などは顔を合わすなり、「悠太《ゆうた》、人を殺してくれない?」と真顔で頼《たの》み込《こ》んできた。

殺人犯《さつじんはん》の独占《どくせん》取材をしたいのだという。

彼女の性格《せいかく》上、半分以上本気だとわかっている悠太《ゆうた》は冗談《じょうだん》でも「わかりました」とはうなずけない。しかたがないので、何かなかったかなと思い返し、ようやく一つ思い浮《う》かんだ情報《ネタ》を教えることにした。

「記事のネタになるかわかりませんけど……僕のうちの前に変な家があるんですよ。時計の墓場《はかば》みたいな変な家で――」

悠太《ゆうた》の話に食いついてきた玲香《れいか》は、今から取材に行くと半《なか》ば強引に家までついてきたのだ。

「こんにちはー、どなたかいらっしゃいませんかー」

玲香《れいか》は何度も呼《よ》び鈴《りん》を押《お》すが、家からの反応《はんのう》はまったくない。

「出るわけないですよ。市役所の人が月に一度は訪問《ほうもん》してるのに、一度も会えてないんですから。会えたとしても、取材なんてさせてくれるような人じゃないですよ、きっと」

時計屋敷《やしき》はその外観も奇妙《きみょう》だが、何よりの謎《なぞ》はこの家の主《あるじ》の存在《そんざい》だった。聞くところによると、この屋敷《やしき》は四十年以上前からあったそうで、そのころから家主の姿《すがた》を見たという話を聞かないという。無人の廃屋《はいおく》だと思っている人もいるようだが、時計は日に日に増《ふ》えているので、集めている人間がいるはずだった。

玲香《れいか》は塀《へい》の上にきれいに並《なら》べられた目覚まし時計を見上げ、

「見て、悠太《ゆうた》。全部、同じ時間だよ」と興奮《こうふん》気味に伝えてくる。

玲香《れいか》の言うとおり、どの時計も二時十六分九秒で止まっている。目覚まし時計だけではなく、壁掛《かべか》け時計や腕時計《うでどけい》もすべて同じ時間で針《はり》が止まっていた。

「いいね、いいね、こういうのワクワクする。この時間、何か意味があるのかな?」

「……先輩《せんぱい》、もう行きませんか」

「え? 待ってよ。まだ来たばかりじゃない。ちょっと中に入ってみようよ」

「なに言ってるんですか、そんなのだめに決まってます。不法侵入《しんにゅう》ですよ?」

「いいのよ、声をかけたのに出てこないほうが悪いんだから」

無茶苦茶な理屈《りくつ》を言う玲香《れいか》に、悠太《ゆうた》はあきれた視線《しせん》を投げる。そんな彼の肩《かた》にポンと手を置いた玲香《れいか》は、いつ、い、い、つもの説得モードになる。

「そんな顔しないでよ。べつに家の中にまで入ろうっていうんじゃないんだし。ほんのちょっと、窓《まど》から中をのぞくだけだから。大丈夫《だいじょうぶ》。あんたに迷惑《めいわく》はかけない。ね？　お願い」

そう言いながら門扉《もんぴ》をつかんだので、悠太《ゆうた》は慌《あわ》ててその手を引きはがした。

「急になんなのよ、ここまで来たんだからせめて写真ぐらい撮《と》らせてよ」

「思い出しちゃったんです。この屋敷《やしき》の噂《うわさ》……」

悠太《ゆうた》が小学生のころだった。

『時計屋敷《やしき》から時計を持ち帰ると、呪《のろ》われてこの世から消されてしまう』

そんな噂《うわさ》が町内の子どもたちのあいだで広まったことがあった。

ただの怪談《かいだん》めいた噂《うわさ》ではなく、実際《じっさい》に時計屋敷《やしき》に行った中学生が、三人も行方不明《ゆくえふめい》になっていた。

悠太《ゆうた》の地元の中学の男子生徒で、彼らは時計屋敷《やしき》に忍《しの》び込《こ》んで戦利品を一つ持ちかえるという肝《きも》だめしをしたらしい。屋敷《やしき》の敷地《しきち》に一人ずつ入っていき、落ちている時計を一つずつ持ち帰ったのである。

帰宅《きたく》してすぐに、彼らの家の電話が鳴り響《ひび》いた。

そして、不気味な老人の声でこう言われたのだ。

「モッテカエッタトケイ、スグニカエセ」

彼らは友達の悪戯《いたずら》だと思って信じず、笑うだけで言うとおりにはしなかった。

その晩《ばん》、時計屋敷《やしき》に入った三人の中学生は、大量の髪《かみ》の毛だけを残して、忽然《こつぜん》と家から姿《すがた》を消してしまったという。

「その話、まさか本気で信じてるの?」

悠太《ゆうた》の肩《かた》をパンパンとたたきながら玲香《れいか》が大笑いするので、悠太《ゆうた》はムッとして、

「けっこう有名な話なんですよ」と口をとがらせた。

「どこまでピュアなのよ、キミは。ほんと、お子ちゃまだね」

笑いすぎてヒィヒィと苦しそうな玲香《れいか》は目に涙《なみだ》まで浮《う》かべている。

「なんでそんなに笑うんですか。本当に人が行方不明《ゆくえふめい》になってるんですよ?」

「あのね」玲香《れいか》は呼吸《こきゅう》を整え、指で涙《なみだ》を拭《ぬぐ》い取る。

「その話とそっくりな、もっっっと有名な都市伝説があるの。そっちは廃病院《はいびょういん》の話なんだけ

どね。カルテ返してくださーいって」

「え、いや……で、でも、僕はちゃんと友達から聞いて……」

「そらきた。その話は都市伝説の類型ってやつよ。この手の話はね、実際《じっさい》に体験したって人には辿《たど》り着けないようになってるの。その友達に聞いてみなよ。誰《だれ》からその話を聞いたのって。きっとその子も、他の友達から聞いたっていうから」

玲香《れいか》は笑いながら門扉《もんぴ》を開けると、なんの迷《まよ》いもなく敷地《しきち》内へと入っていってしまった。

「――先輩《せんぱい》、もういいでしょ、何枚《まいと》撮れば気が済《す》むんですか？」

近隣《きんりん》住人に通報《つうほう》されはしないかと、悠太《ゆうた》はビクビクしながら玲香《れいか》のあとをついていく。

時計屋敷《やしき》の敷地《しきち》は外から見るよりもかなり広い。足元には さまざまな形の時計が玉砂利《たまじゃり》のように敷《し》き詰《つ》められ、その上を二人はガチャガチャと音を立てて歩きながら気になったところを撮影《さつえい》していく。窓《まど》から中をのぞくと、その前に積み重なった時計がさえぎり、家の中のようすはまったく見えない。半開きになった玄関《げんかん》ドアのすきまからのぞき込《こ》んでも時計しか見えず、押《お》しても引いてもドアはビクともしなかった。

「ねぇ、本当にこの屋敷《やしき》、今も人が住んでるのかな？」

玲香《れいか》はスマホのライトをつけ、割《わ》れた窓《まど》の奥《おく》の闇《やみ》へと光を向けながら悠太《ゆうた》に聞いた。

たしかにこの屋敷《やしき》の状態《じょうたい》を見ると、人が生活するのは難《むずか》しそうに見える。それどころか、この家には時計しか存在《そんざい》していないように思えてきた。もしそうならば、市役所の人たちがずっと家主に会えないのは当然だ。

「時計屋敷《やしき》の呪《のろ》い……本当にあるかもね」

「きゅ、急に何を言い出すんですか」

「この家の家主……この中で死んでるかもしれないよ？　それなら、呪《のろ》いとかもあるかも」

悠太《ゆうた》は時計に埋《う》もれてミイラ化している家主の姿《すがた》を想像《そうぞう》してしまい、ゾッとする。こんな場所からは早く帰ったほうがいい。

「先輩《せんぱい》、帰りましょう。もう充分《じゅうぶん》でしょ」

「えー、もう少しだけいいじゃん。お願い！」

「わかりました。じゃあ、僕は先に帰ります」

表玄関《おもてげんかん》のほうへ向かって歩いて帰る素振《そぶ》りを見せると、玲香《れいか》は慌《あわ》てて悠太《ゆうた》の腕《うで》をつかんだ。

「わかった。わかったから。じゃあ、裏庭《うらにわ》の撮影《さつえい》だけさせて。ね？　それだけならいいでしょ？　それでもう帰るから。約束するから」

玲香《れいか》は返事を待たずにグイグイと悠太《ゆうた》の腕《うで》を引っぱっていく。

裏庭《うらにわ》は背《せ》の高い木々が勢《いきお》いよく生い茂《しげ》り、陽《ひ》の光をさえぎっているので薄暗《うすぐら》い。すべての木の枝《えだ》からは腕時計《うでどけい》がだらりと垂《た》れ下がり、それが柳《やなぎ》の葉のように見えて一層《いっそう》、この場所を不気味に見せている。

「ねえ、悠太《ゆうた》」

玲香《れいか》が寄《よ》り添《そ》ってきた。のぼせたような表情《ひょうじょう》で見つめてくる。

「な、なんですか」

「私がどうして、サークルの後輩《こうはい》の中で悠太《ゆうた》にばかり声をかけるか、わかってる？」

ひそめられた玲香《れいか》の声が妙《みょう》に耳にくすぐったい。悠太《ゆうた》の胸《むね》がドキドキしだした。

悠太《ゆうた》こそ――どうしていつも玲香《れいか》の呼《よ》び出しに応《こた》えて行ってしまうのか。それは彼も玲香《れいか》に恋心《こいごころ》を抱《いだ》いてるからに他ならなかったからだ。

「悠太《ゆうた》ってさ……」

玲香《れいか》の腕《うで》が悠太《ゆうた》の腕《うで》に蛇《へび》のように絡《から》まる。シャンプーの甘《あま》い香りが悠太《ゆうた》の鼓動《こどう》を早める。

「本当に……悠太《ゆうた》って……」

「……先輩《せんぱい》」

「お子ちゃまだよね！　キャハハ」

悠太《ゆうた》の鼻を指でキュッとつまむと、玲香《れいか》は笑いながら逃《に》げていった。

「なっ、んもうっ、からかわないでくださいよ！」

悠太《ゆうた》は顔を真《ま》っ赤《か》にして玲香《れいか》のあとを追いかけた。


その晩《ばん》、悠太《ゆうた》はブゥーッ、ブゥーッという振動音《しんどうおん》で目が覚めた。

全身がきしむように痛《いた》い。筋肉痛《きんにくつう》とは違《ちが》う痛《いた》みだ。

スマホに着信が来ている。朦朧《もうろう》としていて、誰《だれ》からの着信か確認《かくにん》もせずに出てしまった。

「はい」――そう言ったつもりが、寝起《ねお》きで声がかすれてしまい、ほとんど声にならない。

「……と……けい……」

向こうから返されたのは、老人のようにかすれた苦しそうな声だった。

「と……けい……すぐ……かえし……て……」

悠太《ゆうた》はスマホの画面を見て苦笑する。やっぱり、玲香《れいか》からだ。

――僕の話をあんなに否定《ひてい》して笑っていたくせに、よくこんなイタズラをしてくるよな。

相手が玲香《れいか》だと思えば不愉快《ふゆかい》な気持ちにはならなかった。

——あれ？　スマホの画面が、どんどん白く曇《くも》っていく。いや……曇《くも》っているのは悠《ゆう》太《た》の視《し》界《かい》のほうだ。目をごしごしとこすると、スマホの画面の上にパサリと何かが落ちる。髪《かみ》の毛のようなものが何十本も——。

悠《ゆう》太《た》はすぐに電《でん》灯《とう》の紐《ひも》を引こうと立ち上がろうとしたが、腰《こし》に電流のような激《げき》痛《つう》が走り、立ち上がることができない。それでもなんとか時間をかけて立ちあがって電《でん》灯《とう》の紐《ひも》を引くと、白い光がまたたいて部屋を照らし出す。

悠《ゆう》太《た》は叫《さけ》び声をあげた。

窓《まど》から、痩《や》せこけた老人が恐《おそ》ろしい形《ぎょう》相《そう》で部屋の中をのぞき込《こ》んでいたのである。

——その老人は、窓《まど》ガラスに映《うつ》る悠《ゆう》太《た》の姿《すがた》だった。

スマホからかすれた声で「ごめんねぇぇ」と聞こえてくる。

「ゆうたぁぁ……ごめんねぇぇぇ……のろい……ほんとだった……とけい……」

ぬすんじゃったぁぁ。

部屋の隅《すみ》に脱《ぬ》ぎ捨《す》ててある、今日はいていたズボンに目を向ける。後ろポケットから細くて短いベルトのようなものがのぞいている。そこまで這《は》うようにして近づくと、顔の前を何かが落ちた。床《ゆか》に大量の白《しら》髪《が》が散っている。頭に触《ふ》れると、さらに倍の量の白《しら》髪《が》が目の前にばさばさと落ちた。

震《ふる》える手でズボンのポケットから出ているものを引き抜《ぬ》く。

見覚えのない腕時計《うでどけい》だ。

時計の針《はり》は、ものすごい速さでぐるぐると回転している。

腕時計《うでどけい》を持つ手は見る見るシワだらけになっていき、骨《ほね》と皮だけのミイラの手のようになる。皮膚《ひふ》はどす黒く変色し、べろりとはがれて足元に落ちた。

骨《ほね》だけになった手を見つめながら、悠太《ゆうた》はその場に倒《たお》れる。

その目は、自分の手の骨《ほね》が崩《くず》れて粉《こな》になるまで見届《みとど》けることなく——

塵《ちり》となってこの世から消えてしまった。

財布《さいふ》の中の十円玉

「あ、十円」

下校の途中《とちゅう》。伊藤豪太《いとうごうた》は、道端《みちばた》に十円玉が落ちているのを見つけた。新しい硬貨《こうか》なのか、やたらと鮮《あざ》やかな銅《どう》の色が目についたのだ。

周囲に誰《だれ》もいないのを確認《かくにん》すると、拾い上げて財布《さいふ》に入れる。たかが十円、だからこそだ。レンガのように分厚《ぶあつ》い一万円札の束とかならまだしも、十円なら良心も痛《いた》まない。

少し行くと、自動販売機《はんばいき》が見えてきた。早速、豪太《ごうた》はさっきの十円も使ってコーラを買う。何ということもない、普通《ふつう》の味のコーラだ。でも、十円分だけお得感がある。

歩道橋の階段《かいだん》を上がる。いつもの通学路をいつもどおりに歩く、いつもどおりの日常《にちじょう》。

しかし、今日だけは違《ちが》っていた。何かを踏《ふ》んで、けつまずいたのだ。とっさに足下を見ると左側の靴紐《くつひも》がほどけていて、豪太《ごうた》はそれを踏《ふ》んづけていた。

手をばたつかせ、バランスを取り戻《もど》そうとする。しかし不可能《ふかのう》だった。豪太《ごうた》は背中《せなか》から倒《たお》れ、後頭部を激《はげ》しく打ちながら階段《かいだん》を転がり落ち、後はもう何もわからなくなった。

豪太《ごうた》の日常《にちじょう》は、ここで終わってしまった。——永遠《えいえん》に。


北野雄輝《きたのゆうき》は、自販機《じはんき》の前で立ち止まった。オンラインゲームの仲間たちと深夜の狩《か》りに行くので、カフェインを調達しに来たのだ。明日の講義《こうぎ》が休講《きゅうこう》になったので、徹夜上等《てつやじょうとう》である。

硬貨《こうか》を入れてボタンを押《お》すと、あたたか～い缶《かん》コーヒーががしゃんと出てきた。続いてお釣《つ》りがじゃらじゃらと落ちてくる。夜も深い時間帯なので、音がやたらと響《ひび》いて感じられた。

コーヒーは上着のポケットに入れ、お釣《つ》りの受け取り口に指を入れて小銭《こぜに》を取り出す。十円玉が、何枚《まい》か。うち一枚《まい》が、妙《みょう》にきれいだ。

年を見ると、昭和《しょうわ》六十六年とあった。昭和《しょうわ》何年が西暦《せいれき》何年とかすぐに浮《う》かばない雄輝《ゆうき》だが、とりあえず相当前のものであることはわかる。何か変な十円玉だな、なんて考えながら雄輝《ゆうき》はそれを財布《さいふ》にしまった。

下宿しているマンションの部屋に帰ると、雄輝《ゆうき》は小銭《こぜに》とコーヒーをちゃぶ台の上に置く。ちゃぶ台の真ん中は、つけっぱなしのノートパソコンが占拠《せんきょ》していた。これで、雄輝《ゆうき》は毎日のようにオンラインゲームをプレイしている。

「ただいま」

ノートパソコンの脇《わき》に置いてあるPC用のスタンドマイクに、雄輝《ゆうき》は声をかけた。

『おかえり』『よし、行こうぜ』

仲間たちが返事をしてくる。さあ、今日もがっつり経験値《けいけんち》とお金を稼《かせ》ごう。


結果から言うと、全然稼《かせ》げなかった。

メンバーの一人のパソコンが、まだ買ったばかりだというのに急に壊《こわ》れた。それを皮切りに、他のメンバーにも不幸が立て続けに起こったのだ。突然《とつぜん》の停電《ていでん》に見舞《みま》われた者、アパートの階上の水漏《みずも》れで部屋が水浸《みずびた》しになった者、突風《とっぷう》で飛んできた植木鉢《うえきばち》に部屋の窓《まど》を突《つ》き破《やぶ》られた者。どれも、滅多《めった》にないような出来事ばかりだった。

『なんかの呪《のろ》いちゃうん？　これ』

だから、そんなことを言い出す人間がいても誰《だれ》も笑い飛ばせなかった。

『でも、だとしたら何？』『なんもにゃあよ。わたし、今週家から出とらんし』

呪《のろ》われるような心当たりは、誰《だれ》一人としてないようだった。雄輝《ゆうき》にしてもそうだ。最近したことといえば、コーヒーを買いに行ったくらいである。

朝方になって、パーティは解散《かいさん》した。スマートフォンを見ると、たくさん着信が入っていた。ゲームと会話に夢中《むちゅう》で気づかなかった。

着信はすべて父からだった。メールも来ている。メールに目をとおし、雄輝《ゆうき》は息をのんだ。

『母さんが脳梗塞《のうこうそく》で倒《たお》れた。県立病院で手術中《しゅじゅつちゅう》だが危険《きけん》な状態《じょうたい》だ。早く帰ってきなさい』

ほとんど着替《きが》えもせず、雄輝《ゆうき》は部屋を飛び出して駅へ走った。全力で走るのは久《ひさ》しぶりな上に、睡眠《すいみん》不足もあってひどく息が切れる。駅に着いたころにはもうふらふらだった。

切符《きっぷ》を買うべく、券売機《けんばいき》の前に立つ。お札《さつ》――はない。実家に帰るには新幹線《しんかんせん》に乗らないといけないのに、これじゃだめだ。

小銭《こぜに》を出して、新幹線《しんかんせん》の駅までの切符《きっぷ》を買う。新幹線《しんかんせん》代はついてからATMで下ろそう。

改札《かいさつ》を抜《ぬ》け、次の列車の時間を見る。まだぎりぎり間に合う。

ほっとしながら、雄輝《ゆうき》はホームに向かった。酸欠《さんけつ》気味なのだろうか、頭の中がぼーっとする。

『二番線を、特急列車が通過《つうか》します』

そんなアナウンスが聞こえてきた。離《はな》れないと。そう考えるが、足が思いどおりに動かない。どんどんよろめき、もつれ――ついに雄輝《ゆうき》は線路に転がり落ちた。

鈍《にぶ》い痛《いた》み。雄輝《ゆうき》は顔を上げた。視界《しかい》に広がるのは、急ブレーキの悲鳴を上げながら必死に減速《げんそく》しようとする列車の姿《すがた》だった。

世の中には無駄《むだ》が多い、というのが倉木霞巳《くらきかすみ》の持論《じろん》である。勤続《きんぞく》年数が長いだけの中年社員に与《あた》える給料や役職《やくしょく》。残業代の出ない残業。どれもこれも無意味だ。みんな滅《ほろ》びればいい。

今日も朝から出勤《しゅっきん》である。イライラしながら角を曲がると、何かが体にぶつかった。

「あっ、と」

見ると、やせこけた小柄《こがら》な年寄《としよ》りがよろめいていた。

「すいません」

頭を下げてくる年寄《としよ》りに、霞巳《かすみ》は盛大《せいだい》な舌打《したう》ちだけを返して歩き去る。社会の役に立たない年寄《としよ》りは、隅《すみ》を歩けばいいのだ。せめて人の迷惑《めいわく》にならないようにしろよ。

「やだ！　行きたくない！」

もうすぐ駅というところで、今度は子どもの泣き声が聞こえてきた。見ると、幼稚園《ようちえん》の制《せい》服《ふく》を着て黄色い帽子《ぼうし》をかぶった子どもが、母親の手をつかんでぎゃあぎゃあわめいている。

「ほら、わがまま言っちゃ駄目《だめ》でしょう」

母親がヘナヘナした声でなだめようとするが、子どもは余計《よけい》に泣きわめくばかりだ。霞巳《かすみ》は足を早め、すれ違《ちが》い様《ざま》に母親をにらみつける。ぶん殴《なぐ》ってでも黙《だま》らせろよ。おとなしくさせられないなら連れて歩くな。

母親は、霞巳《かすみ》の視《し》線《せん》に気づくなり子どもをかばうような体勢《たいせい》をとった。イライラが募《つの》る。なぜこっちが悪いみたいな態度《たいど》を見せるのだ。人様に迷惑《めいわく》をかけてるのはお前たちだろうが。


ようやく駅に着いて、改札にICカードをのせる。すると、妙《みょう》な音がして通れない。何かと思ったら、定期の期限《きげん》が昨日で切れていたようだ。

後ろで誰《だれ》かが舌打《したう》ちをした。ムカッとして振《ふ》り返ると、やたらと図体《ずうたい》のでかい男が霞巳《かすみ》をにらみつけていた。

「すいません」

小声で謝《あやま》る。見るからに乱暴《らんぼう》そうなヤツである。こういうのとは関わらないのが一番だ。

うつむいたまま券売機《けんばいき》まで移動《いどう》し、五百円玉で会社までの切符《きっぷ》を買う。出てきたお釣《つ》りを財布《さいふ》に入れると、再《ふたた》び改札《かいさつ》に戻《もど》る。

『えー、本日当駅にて発生しました人身事故《じこ》のため、ダイヤに遅《おく》れが生じております』

そんなアナウンスが聞こえてきた。電車が止まると満員のホームで待たされ、地獄《じごく》を味わうはめになるのだが、どうやら動いてはいるらしい。ほっとする霞巳《かすみ》だった。

会社の最寄《もよ》り駅で降《お》り、コンビニに立ち寄《よ》る。レジには長い列ができていた。貴重《きちょう》な出社前の時間が、レジに並《なら》ぶだけでつぶれてしまうじゃないか。何をもたもたしているのか。

かごを取り、朝食のおにぎり三つ、トンカツ弁当《べんとう》、プリンと栄養ドリンクを放り込《こ》む。会社に着いたら平らげるのだ。ストレス解消《かいしょう》には食うのが一番なのである。

代金をお釣《つ》りがでないよう用意する。千円札、百円玉、十円玉、一円玉——ふと、霞巳《かすみ》は十円玉のうちの一枚《まい》に目を止めた。年号は昭和《しょうわ》六十六年。西暦《せいれき》何年かは平成《へいせい》世代の霞巳《かすみ》にはわからないが、昭和《しょうわ》な時点で古いはずだ。なのに妙《みょう》にきれいなのである。

側面には、刻《きざ》みがある。これも変だ。刻《きざ》みがついているのは、もっと古い硬貨《こうか》のはずだ。

ひょっとしたら、高値《たかね》で売れる珍《めずら》しいものかもしれない。検索《けんさく》しようとスマホを手に取ると、タイミングよく上司からメッセージが来た。『急な話だけど』——うん。見なかったことにしよう。

しかし、霞巳《かすみ》がスマホをポケットにしまうより先に次のメッセージが来た。『松岡《まつおか》が倒《たお》れた。しばらくあいつの業務《ぎょうむ》を任《まか》せることになると思う』

内心で松岡《まつおか》のクソ野郎《やろう》と絶叫《ぜっきょう》する。この前も親が死んだとかなんとかで忌引《いみび》きして迷惑《めいわく》をかけてきたのに、またかよ。何で倒《たお》れたのか知らないが、もうそのまま死ね。

そうこうしているうちに、ようやく順番が回ってきた。

「大変お待たせしました」

眼鏡《めがね》をかけた女の店員が、うつむいて定型文を口にする。霞巳《かすみ》はイラついた。心が欠片《かけら》もこもっていない。コンビニでバイトする人間などというのは、コンビニでバイトすることくらいしかできない人間だ。せめてしゃべり方くらいちゃんとしろよ。

霞巳《かすみ》は、投げるようにかごをカウンターに置いた。店員がもごもご言いながらバーコードを読み取らせて、商品を袋《ふくろ》に入れる。合計金額《きんがく》が表示《ひょうじ》されたところで代金もカウンターに放り、袋《ふくろ》に入った商品をひったくるようにすると、霞巳《かすみ》はコンビニから出た。

歩いているうちに、空が曇《くも》りだし、すぐに雨が降《ふ》り出した。霞巳《かすみ》のイライラが頂点《ちょうてん》に達する。何だこれは。どうして、自分ばかりがこんな目に――

次の瞬間《しゅんかん》。霞巳《かすみ》の胸《むね》に痛《いた》みが走った。今まで感じたことのないような、激痛《げきつう》。立っていられず、その場に膝《ひざ》をつく。「摂取《せっしゅ》カロリーを減《へ》らして」「運動を」会社の健康診断《しんだん》で言われたことが蘇《よみがえ》る。ここまでヤバくなってるなんて。もっと強く注意しろよ、あのヤブ医者。

周りの人間は、立ち止まって霞巳《かすみ》のほうを見ている。ちくしょう。見てないで助けろよ。救急車くらいすぐ呼《よ》べるだろ。ああ、死にたくない。ちくしょう、ちくしょう――


今野乃愛《こんののあ》は、コンビニでスイーツを買った。お気に入りのロールケーキである。ほわっとしていて、生クリームがたっぷり。食べると幸せな気分になれる。

「ありがとうございました、またお越《こ》しくださいませ」

眼鏡《めがね》を掛《か》けた店員さんが、少しだけ微笑《ほほえ》みながらお釣《つ》りを渡《わた》してくれた。おとなしい雰囲《ふんい》気《き》の優《やさ》しい人だ。前に乃愛《のあ》が小銭《こぜに》を落とした時は、一緒《いっしょ》になって拾ってくれたこともある。

お釣《つ》りの中には、ぴかぴかの十円玉があった。乃愛《のあ》のジンクスとして、ぴかぴかの硬貨《こうか》をもらった時はラッキーである。今日は何かいいことがありそうだ。

コンビニからの帰り道、本屋に入って、書棚《しょだな》を見て回る。乃愛《のあ》は読書が好きなのだ。

新刊《しんかん》小説の棚《たな》で、乃愛《のあ》はすてきな本を見つけた。表紙のイラストも、裏表紙《うらびょうし》に書かれたあらすじも面白《おもしろ》そう。帯のフレーズも気が利《き》いている。うん、今日はやっぱりラッキーだ。乃愛《のあ》は本をレジに持っていった。支払《しはら》いにはあの十円玉を使う。これも乃愛《のあ》のジンクスである。きれいな硬貨《こうか》に運をもらったら、すぐに使ってみんなに運を分けてあげるのだ。

「ただいま」

家に帰って声をかけるが、誰《だれ》もいない。母は買い物に行っているようだ。普段《ふだん》ならもう帰ってきているはずなのに、どうしたのだろう。途中《とちゅう》で何かあったのかな。

それはさておくとして、早速乃愛《のあ》は本を読み始める。やっぱり面白《おもしろ》い本で、乃愛《のあ》は一気に本の世界に引き込《こ》まれた。

――そう、本当に引き込《こ》まれてしまった。隣《となり》の家が火事になり、それが乃愛《のあ》の家にも燃《も》え移《うつ》って、どこにも逃《に》げ場がなくなるまで気づかないほどに。

財布《さいふ》に入れてしまったが最後。使わなければ周囲を不幸にし、使えば自分が不幸になる、そんな呪《のろ》われた十円硬貨《こうか》。あなたの財布《さいふ》の小銭《こぜに》入れは、大丈夫《だいじょうぶ》ですか？

絶《ぜっ》対《たい》間《ま》違《ちが》ってはいけないカラオケボックス

「ねえ……ここ、本当にやってるの？」

高畑瑞樹《たかはたみずき》は不安そうに、プラスチック製《せい》の看板《かんばん》を見上げた。そこには、「カラオケ　うたの森」とある。色はくすんでいてところどころ割《わ》れており、穴《あな》が空いていた。入口のドアはガラス製《せい》だが、砂《すな》か何かで汚《よご》れていて中が見えない。とても営業《えいぎょう》しているとは思えなかった。

瑞樹《みずき》が通っている中学校から、歩いて三分のところだ。けれども、あまりにボロボロで不気味なので、クラスメートで入ったことのある人はいなかった。カラオケに行きたい時はみんな、駅前にあるチェーン店に行く。

「だって、せっかく学校の近くにあるんだしさ。ダメだったら、次はいつもの店に行けばいいし、もし中は普通《ふつう》だったら、これからはカラオケに行きやすくなるじゃない」

瑞樹《みずき》の友だちの田中晴菜《たなかはるな》は、平然としたようすでいる。

「もしかしたら、店員さんもボロボロの服を着てたりして」

保科椿《ほしなつばき》は、おかしそうに笑った。テレビのバラエティ番組をよく見ている彼女は、こういうネタになりそうな場所は大好きなのだ。

最近では、春休みに「抹茶小倉《まっちゃおぐら》スパ」という謎《なぞ》のスパゲッティを食べるだけのため、わざわざ名古屋にあるお店まで行ってきたのだという。

「だってさあ……」

瑞樹《みずき》はなおも抵抗《ていこう》したけれど、

「平気、平気。開いてるんなら、他にお客さんもいるってことでしょ」

仲の良い石渡結衣《いしわたゆい》にそう言われて、瑞樹《みずき》はこれ以上断《ことわ》ることができなくなってしまった。

「なあんだ……中はけっこう、普通《ふつう》じゃない」椿《つばき》は、とても残念そうに言った。「店員さんまでは、すごく良い感じだったのに」

椿《つばき》が言うように、受付にいる店員は、とても奇妙《きみょう》な男だった。

四人が入っても、「いらっしゃいませ」の一言もない。

頬《ほお》が痩《こ》け、白髪《はくはつ》が半分以上混《ま》ざっていた。ぼんやりと目を半開きにしたまま、表情《ひょうじょう》ひとつ変えることなく、「……お時間は?」と、ぼそり、声に出しただけだった。

「でも、このカラオケの機種、見たことないよー」

晴菜《はるな》がリモコンを手にしながら、液晶《えきしょう》モニタの下にある機械をのぞき込《こ》んでいる。

リモコンは、最近のカラオケで使われているようなタブレットからタップで選曲できるものではなく、テレビのリモコンみたいに数字が並《なら》んでいるものだった。どうやら、テーブルの上に置かれた冊子《さっし》から歌いたい曲とその番号を探《さが》し、それを入力するという形式らしい。

「おおっ！　こういうの、家族で温泉《おんせん》に行った時に見たことある！」

椿《つばき》は、なぜかうれしそうに言った。

「……でも、モニタの電源《でんげん》が入ってないってどうなんだろう」

結衣《ゆい》が苦笑いしながら、リモコンの「電源《でんげん》」ボタンを押《お》す。すると、

——使用上の注意

——このカラオケでは、絶対《ぜったい》に歌詞《かし》を間違《まちが》えてはいけません。

画面には、よくわからない文字が映《うつ》し出された。

これはいったい、なんだろう。

「採点《さいてん》の基準《きじゅん》が厳《きび》しいとか、そういうことでしょ？」

晴菜《はるな》はそう言って、テーブルの上にある冊子《さっし》をパラパラとめくった。

「……どんな感じ？」

瑞樹《みずき》がたずねる。

「うーん……思ったより、新しい曲もちゃんと入ってるみたい」

「そ、そうなんだ……」

瑞樹《みずき》がどこかホッとしたように声を出すと、晴菜《はるな》はあっという間に曲を選んでリモコンを手に取り、番号を入力した。

彼女が選んだのは、四月から放送されているアニメの主題歌だった。女の子にとても人気のある男性声優《だんせいせいゆう》が歌っている。

先週、ラジオ番組で、その男性声優《だんせいせいゆう》が替《か》え歌を披露《ひろう》した。それによってインターネットで大きな話題となり、この声優《せいゆう》が好きな女の子たちのあいだでは、この歌を替《か》え歌で歌うことが流行《はや》っている。

ちょうど、その替《か》え歌のところにさしかかった。

歌詞《かし》が画面に出る。

それまで曲のとおりにノリノリで歌っていた晴菜《はるな》は、瑞樹《みずき》、椿《つばき》、結衣《ゆい》の予想どおり、替《か》え歌で歌った。

その瞬間《しゅんかん》――

――パァン！

と、奇妙《きみょう》な音が、部屋に響《ひび》いた。

みんないっせいに、音がしたところに目を向ける。

そこは……晴菜《はるな》の頭があったところ。

彼女が歌詞《かし》を変えた瞬間《しゅんかん》、まるでスイカがはじけ爆発《ばくはつ》でもしたかのように、晴菜《はるな》の頭がはじけ飛んでいた。

大量の血しぶきが他の三人に降《ふ》りかかり、血なまぐさいにおいが部屋に立ちこめる。

「……きゃぁぁぁぁぁあっっっ！　晴菜《はるな》ーっ！」

椿《つばき》はさけんだ。

「な、な、な、な……なんなのよ、これっ！」

結衣《ゆい》は、今にも目玉が飛び出しそうに思えるほど、大きく目を見開いている。

瑞樹《みずき》はドアのところに駆《か》け寄《よ》って、

「出して……出してぇぇぇぇーっ！」と、大きな声を出した。

ドアノブを握《にぎ》り、右にひねって、ガチャガチャと前後に動かす。

……けれども、まるで外から鍵《かぎ》を掛《か》けられたかのように、ドアは動かなかった。

首から血を噴《ふ》き上げながら、晴菜《はるな》の体がドサッと床《ゆか》に倒《たお》れ込《こ》む。

すると、

——時間はあと、1時間54分です。

——曲を入れてください。

——入れなかった場合は、曲を間違《まちが》えたものとみなします。

——2回以上、同じ曲を入れてはいけません。

——このカラオケで歌った歌は、ときどき現実《げんじつ》になります。

モニタの画面には次々と、文字が浮《う》かんできた。

瑞樹《みずき》、椿《つばき》、結衣《ゆい》の三人は、晴菜《はるな》の体を見ないように三人で固まり、ガタガタと震《ふる》えながら、ゴクリとつばをのみ込《こ》んだ。

「……歌詞《かし》を間違《まちが》えたりしない曲を選ぼうね」

瑞樹《みずき》の提案《ていあん》で、曲が入った冊子《さっし》の終わりほうにある「童謡《どうよう》」のページを開いた。これを二時間歌い続ければ、きっと間違《まちが》えないはずだ。

椿《つばき》が『ぞうさん』を入れる。

歌詞《かし》は間違《まちが》えなかったが、歌っているうちに鼻がどんどん伸《の》びて長くなった。

「何!? なんなのよ、これぇ!」

椿《つばき》は歌い終えると、今にも泣き出しそうな声をあげた。

どうやら、「歌った歌は、ときどき現実《げんじつ》になります」という縛《しば》りが発動したらしい。

瑞樹《みずき》が『さくらさくら』を歌った。

部屋の中にふわふわと花びらが舞《ま》い、きれいになった。

「瑞樹《みずき》、ナイス選曲!」

椿《つばき》が、瑞樹《みずき》に声を掛《か》けた。もう、ほとんどヤケクソだった。

結衣《ゆい》が『どんぐりころころ』を入れた。

けれども、歌った瞬間《しゅんかん》。

まるで曲に合いの手を入れるように、タイミング良く、

――パァン!

と、また音が響《ひび》いて、結衣《ゆい》の頭がはじけ飛んだ。

いちだんと血のにおいが濃《こ》くなった密室《みっしつ》の中、瑞樹《みずき》と椿《つばき》は再《ふたた》び血まみれになり、しだいに

正常《せいじょう》な感覚を失っていった。

「……結衣《ゆい》、アホかーっ！　それ、『どんぐりこ』じゃなくて『どんぶりこ』だよ！」

首から上がなくなった結衣《ゆい》に、椿《つばき》は泣きながらツッコミを入れる。

そんな椿《つばき》が入れたのは、『さっちゃん』だった。

「なんて曲入れるのよ！　バカーっ!!」

思わず、瑞樹《みずき》が声をあげる。

「えっ!?　だって、歌いやすそうだし……」

「その曲はダメだよーっ！」

瑞樹《みずき》がそう言っているうちにも、イントロが終わって歌が始まってしまう。

歌い続けているうち、瑞樹《みずき》の予想したとおり、

「きゃぁぁぁぁぁあっっっっ！」と、椿《つばき》の悲鳴が響《ひび》いた。

『さっちゃん』は三番で終わりのはずだったが、本当はないはずの四番がなぜか出てきた。

小学生のあいだで、都市伝説として存在《そんざい》がささやかれているものだ。

——さっちゃんはね　線路で足を　なくしたよ
次の瞬間《しゅんかん》、椿《つばき》の足には、まるで何かに締《し》めつけられているかのように激痛《げきつう》が走った。ミシ

ミシと、骨《ほね》がきしむ音が聞こえる。椿《つばき》は泣き叫《さけ》びながら、その場にうずくまった。

瑞樹《みずき》は、もうどうしたら良いのかわからなくなった。

童謡《どうよう》には『さっちゃん』と同じように、怖《こわ》い歌詞《かし》や都市伝説を持つものが多い。

もしかしたらそれを歌った瞬間《しゅんかん》、椿《つばき》と同じように、それが発動してしまうかもしれない。

——曲を入れてください。

——入れなかった場合は、曲を間違《まちが》えたものとみなします。

また、あの言葉が画面に出た。

瑞樹《みずき》は慌《あわ》てて、パラパラと冊子《さっし》をめくる。

やがて、ハッと気がついた。

そして彼女が入れた曲。それは……『おばけなんてないさ』、だった。


目を覚ますと、四人はカラオケボックス「カラオケ　うたの森」の部屋にいた。

うめくように声をあげて、瑞樹《みずき》が目を覚ます。

……どうやら、眠《ねむ》ってしまっていたらしい。

その時——

――プルルルル……

音が響《ひび》いた。

カラオケの二時間が終わったことを知らせる、受付からの知らせだった。

「……た、助かった」

四人は泣きながら、無事にカラオケボックスの外に出て、家に帰った。

けれども、椿《つばき》の足の痛《いた》みと、晴菜《はるな》と結衣《ゆい》がときどき異常《いじょう》なほどの頭痛《ずつう》に襲《おそ》われることは、それからも結局、ずっと治らなかった。

天井裏《てんじょううら》の足音

郊外《こうがい》にある祖父《そふ》の家は大きく、そしてとても古い。

なんでも元は武家屋敷《ぶけやしき》だったそうで、そのために怖《おそ》ろしいいわくもあった。

『裏庭《うらにわ》の隅《すみ》に古い井戸《いど》があるだろ。その昔、盗《ぬす》み食いをした女の使用人を井戸《いど》の中に逆《さか》さづりにして、そのまま責《せ》め殺してしまったことがあるらしい。以来、この屋敷《やしき》には使用人の幽《ゆう》霊《れい》が出るようになったそうでな、住んでいた人間は一人また一人と逃《に》げ、やがてみんないなくなってしまったんだそうだ』

そして誰《だれ》も住まなくなったこの家を、祖父《そふ》のさらに祖父《そふ》が安く買ったのだという。

初めてこの話を祖父《そふ》から聞いた時、まだ小学生だった僕はものすごく怖《こわ》がった。すると、

『だいじょうぶだ。この家を買った時に、じいちゃんのじいさんが枯《か》れた井戸《いど》にフタをしてしっかりお祓《はら》いをした。井戸《いど》の中に幽霊《ゆうれい》がいても、もう出てこれんから安心しろ』

そう言って、僕を脅《おど》かそうと両手をだらんと垂《た》らした古めかしい幽霊《ゆうれい》のマネをやめ、僕の

頭をガシガシと荒《あら》っぽくなでながら祖父《そふ》はガハハと大声で笑ったのを覚えている。だけど両親ともに働いている都合で、祖父《そふ》の家に預《あず》けられることが多かった当時の僕にとっては、少しも笑いごとじゃなかった。

驚《おどろ》くほど古い造《つく》りのこの家のトイレは、裏庭《うらにわ》に面した縁側《えんがわ》の突《つ》き当たりにある。

つまりトイレに行こうとすれば縁側《えんがわ》を通らなければならないので、いやでも例の枯《か》れ井戸《いど》が目に入ってくるのだ。

——ずりずりと重い石のフタを開け、女の幽霊《ゆうれい》が外に這《は》い出してくるかもしれない。

夜中にトイレに行くたび、僕はそんな妄想《もうそう》に襲《おそ》われ走って縁側《えんがわ》を往復《おうふく》していた。

しかしながら、それも小学生のころまでだ。さすがに中学生になった今では祖父《そふ》の家に預《あず》けられる機会も減《へ》り、また古めかしい幽霊《ゆうれい》の話を怖《こわ》がることもなくなっていた。

でもそんな折りに父も母も長期の出張《しゅっちょう》が決まって、僕は今年の夏休みの間ずっと祖父《そふ》の家に泊《と》めてもらうことになった。

久《ひさ》しぶりに来た祖父《そふ》の家はやっぱり古くて静かで薄暗《うすぐら》くて、そして——僕は、縁側《えんがわ》の天井《てんじょう》裏《うら》から聞こえてくる足音が、無性《むしょう》に気になるようになっていた。

思い返してみれば以前から音はしていたのだろう。けれども子どもの時は、天井《てんじょう》の音よりもまず井戸《いど》の存在《そんざい》が怖《こわ》くて怖《こわ》くて、あまり気になっていなかったのだと思う。

音がする、といってもとにかく古い家だ。縁側《えんがわ》だけではなく、歩けばあちこちの床《ゆか》がミシミシと鳴り、外で風が吹《ふ》けばギシギシと柱もきしむ。だからずっと家鳴りだと思っていた。

でも――やっぱり、何かがおかしい。

井戸《いど》がある裏庭《うらにわ》に面した縁側《えんがわ》をトイレに向かって歩いていると、

ヒタ、ヒタ、ヒタ、ヒタ、ヒタ

まるで後ろから誰《だれ》かが追いかけてくるように、頭の上から音がする。

気になって頭上を見上げてみても、目に映《うつ》るのは木板の天井《てんじょう》だけ。この家は二階がない平屋建てだ。本当にその音が足音なら、それは天井裏《てんじょううら》から聞こえてくるということになる。

祖父《そふ》と僕しかいないはずのこの家で、いったい誰《だれ》の足音がするというのか。おまけに屋根《やね》裏《うら》なんて天井《てんじょう》までの高さは低く、まともに人が歩けるはずがない。

それなのに――ヒタヒタと、足音にしか思えない音が天井《てんじょう》から響《ひび》いてくるのだ。

その音がどうにも怖《こわ》くなってしまい、僕は祖父《そふ》にたずねてみた。

「ねぇ、縁側《えんがわ》の天井裏《てんじょううら》から変な音がしない？」

「あぁ……古い家だからなぁ、天井《てんじょう》がたわんで音が鳴るなんてしょっちゅうだ」

「いや、そうじゃなくてさ。誰《だれ》かが歩いているような、足音みたいな音がするんだよ」

「足音だと？　それならリスかタヌキでも住み着いたかもしれんなぁ」

と言われたものの、あの足音はどう考えもリスやタヌキのような軽い動物の足音じゃない。

それに二本の足で交互《こうご》に床《ゆか》を踏《ふ》みしめるような、そんな音なのだ。

だけれども、古い家だから天井《てんじょう》がゆがんで音がしている、という祖父《そふ》の言い分もわかる。

動物でなければ、そう考えるのが当たり前だ。だって他に誰《だれ》もいるはずがないのだから、聞き間違《まちが》いだと考えるのが正しい。

それなのに今日もヒタヒタヒタヒタと――縁側《えんがわ》を歩けば天井裏《てんじょううら》から足音が聞こえてくる。

でも……きっと気のせいだ。別の音が足音みたいに聞こえているだけに過《す》ぎないはずだ。

それを確認《かくにん》して安心するため、僕は試しに足音が聞こえている間に天井《てんじょう》に向かって話しかけてみた。

「……ねぇ。天井裏《てんじょううら》になんか、誰《だれ》もいやしないよね？」

――ヒタ。


それまで軽快《けいかい》に歩いていた足音が、僕の声に呼《よ》び止められたようにピタリと止まる。

意志《いし》を感じる予想外の動きに僕は驚《おどろ》き、その場で固まってしまう。

そして――天井《てんじょう》から響《ひび》く足音が、まるできびすを返したかのように向きを変えた。


ヒタ……ヒタ……ヒタ、ヒタ、ヒタヒタヒタヒタヒタ――ッ！


静かに歩き出した足音がまたたく間に早足となって、僕のほうに近づいてくる。

何も見えないのに今にもつかみかかってきそうな勢《いきお》いに、僕はみっともなく「うわぁ!!」と悲鳴を上げ、無我夢中《むがむちゅう》でもって縁側《えんがわ》から逃《に》げ出していた。

居間《いま》でお茶を飲んでいた祖父《そふ》を連れ、すぐに縁側《えんがわ》へと戻《もど》ったがもう足音は聞こえない。

「天井裏《てんじょううら》から、本当にすごい足音がしたんだって！」

「そうか、そうか。小さかったころにした、井戸《いど》の幽霊《ゆうれい》の話がよっぽど怖《こわ》かったのか。怖《こわ》いと思っているからそんな幻聴《げんちょう》を聞くんだ、おまえもまだまだ子どもだな」

と、祖父《そふ》はどんなに話しても笑うだけで、さっきの足音をまるで信じてはくれない。

その日の晩《ばん》は小学生の時以来、久《ひさ》しぶりに夜中にトイレへと行けなかった。

それからは縁側《えんがわ》に近づくだけで、今にも襲《おそ》いかかってきそうだった足音を思い出した。

部屋で布団《ふとん》に入っても、屋根裏《やねうら》が気になって眠《ねむ》れない。横になったまま天井《てんじょう》を見上げていると、木板に浮《う》いた模様《もよう》が人の目に見えてきて、今にもまばたきするんじゃないかと想像《そうぞう》し、頭の上まで布団《ふとん》をひき被《かぶ》ってしまう。

夏休みはまだまだ長い。その間、ずっとおびえて過《す》ごすなんてのはごめんだ。

だからあの音の正体を調べるため、僕は天井裏《てんじょううら》にカメラをしかけてみることにした。

祖父《そふ》に話しても笑われるだけだから、物置からこっそり脚立《きゃたつ》を引《ひ》っ張《ば》り出してくる。それから縁側《えんがわ》と面した仏間《ぶつま》に入り、押《お》し入れの中の動くようになっている天井《てんじょう》の板を外した。

薄暗《うすぐら》い押《お》し入れの中、天井裏《てんじょううら》につながるまっ暗な穴《あな》がぽっかり開き、僕はごくりとのどを鳴らす。もし本当に足音を響《ひび》かせる何かが天井裏《てんじょううら》にいれば、そいつは今もこの暗闇《くらやみ》の向こうに潜《ひそ》んでいることになる。

カメラをしかける時に、そいつに襲《おそ》われたらどうしよう——そんな考えに震《ふる》えながらも、僕は懐中電灯《かいちゅうでんとう》を点《つ》けると意を決して頭を突《つ》き入れた。

――思ったとおり低い。室内と違《ちが》って壁《かべ》がないから横にはどこまでも広いが、天井裏《てんじょううら》の高さ自体は五〇センチもない。どう考えても人が自由に歩ける高さじゃなかった。

こんな場所から人の足音がするとか、やっぱり僕の勘違《かんちが》いなのだろうか。

それに白黒つけるため、僕は親から連絡《れんらく》用に預《あず》かっていたスマートフォンをカメラの動画撮影《さつえい》モードで起動させ、縁側《えんがわ》の方向に向けて手ごろな柱に立てかける。横には灯《とも》したままの懐中電灯《かいちゅうでんとう》も置き、これで縁側《えんがわ》の天井裏《てんじょううら》を何かが通れば録画がされるはずだ。

メモリーの都合で録画できる時間は三〇分もない。天井裏《てんじょううら》から音がすればすぐに降《お》ろせるよう、僕は縁側《えんがわ》で待機することにした。

しかしこんな時に限《かぎ》ってすぐには音がしないものだ。待てども待てども天井《てんじょう》からはミシリとも音がせず、待ち疲れた僕は縁側《えんがわ》の端《はし》へと腰《こし》を降《お》ろした。

すぐ目の前に、大きな石でフタをされた苔《こけ》むした枯《か》れ井戸《いど》がある。

子どもの時はこの井戸《いど》が心底から怖《こわ》かった。中に幽霊《ゆうれい》がいると祖父《そふ》に脅《おど》されて、身体《からだ》の芯《しん》から震《ふる》え上がっていた。あんまりにも怖《こわ》すぎて、用を足している間に井戸《いど》から幽霊《ゆうれい》が出てこないか、トイレの外で祖父《そふ》に見はってもらっていたこともあるぐらいだ。

だけど中学生にもなった今は、もうそんなに怖《こわ》くはない。しかしながら大きくなって冷静に考えてみると、同時に疑問《ぎもん》も湧《わ》いてくる。井戸《いど》の中に閉《と》じ込《こ》められた逆《さか》さづりの幽霊《ゆうれい》だけど――幽霊《ゆうれい》が、フタをされたぐらいで出てこれなくなるものなのだろうか？幽霊《ゆうれい》ということは体がないわけで、体がなければ石のフタなんて関係ない気もする。するっと通り抜《ぬ》けていつでも出てこれるような、そんな気がするのだ。

まあ僕は幽霊《ゆうれい》じゃないから、そんなのはわからないけれども。

縁側《えんがわ》に座《すわ》ってぼんやりそんなことを考えていたら、

――ヒタ、ヒタ、ヒタ、ヒタ

ふいに天井裏《てんじょううら》の足音が僕の頭上を通り抜《ぬ》けていった。ゾワゾワと背中《せなか》に怖気《おぞけ》が走る。

立ち上がってすぐに天井《てんじょう》を見上げるものの、やっぱり何も見えない。それなのに足音はヒタヒタと歩き続けていて、やがて突《つ》き当たりのトイレの前でぴたりと止まった。

僕は「よし」と小さくつぶやくと仏間《ぶつま》に移動《いどう》し、それから開けたままの押《お》し入れの前で脚立《きゃたつ》に登って、再《ふたた》び天井《てんじょう》の板を開けた。

ぽっかり空いた真っ暗な穴《あな》にまたしても怖《お》じ気《け》づきそうになるが、自分の頬《ほお》をたたいて気合いを入れ、僕は天井裏《てんじょううら》へと上半身を突《つ》き入れる。

やっぱり――何もいない。本当にあの足音の正体は何なのか。

それを確認《かくにん》するべく、しかけたスマートフォンを握《にぎ》って僕は脚立《きゃたつ》から降《お》りる。実際《じっさい》の場所に当たりをつけやすいよう縁側《えんがわ》に戻《もど》ると、僕は録画を止めていなかったことに気がついてようやく停止させた。

勝手に手のひらから汗《あせ》がにじんでくる。はたして何が映《うつ》っているのか――僕は少しだけ指先を震《ふる》わせながらも、動画の再生《さいせい》ボタンを押《お》した。

手の平の中の液晶《えきしょう》画面が、すぐさま真っ暗な天井裏《てんじょううら》のようすを映《うつ》し出した。

最初のほうは早送りにしてどんどん進め、そして問題の終わり付近になると、
ヒタ、ヒタ、ヒタ、ヒタ――と、さっきの足音がしっかりと録音されていた。

だけれども……天井裏《てんじょううら》の映像《えいぞう》にはまるで変化はなかった。

たしかに足音らしき音はしているのだけれども、天井裏《てんじょううら》で動いているものなんて何一つとして映《うつ》っていなかったのだ。

「……なんだよ」

やっぱり気のせいだったんだ。怖《こわ》いと思うから、別の音が足音のように聞こえていただけ

で、祖父《そふ》が言っていたように実際《じっさい》には家がきしんで立てている音に違《ちが》いない。

呼吸《こきゅう》をするのも忘《わす》れて動画を見入っていた僕は、肺《はい》がしぼみそうなほどの勢《いきお》いで長い息を吐《は》き出す。安心して、そのままへたり込《こ》んでしまいそうだった。

もしせまい天井裏《てんじょううら》のスペースを、人間の膝《ひざ》から下だけが歩いていたりしたらどうしようか――そんな想像《そうぞう》をしていたことが、少しだけ恥《は》ずかしい。

再生《さいせい》したままだった天井裏《てんじょううら》の映像《えいぞう》が、急に上下に揺《ゆ》れ、画面がパッと明るくなる。僕が天《てん》井裏《じょううら》からスマートフォンを取りだした時のようすまで、しっかりと撮影《さつえい》されていた。

確認《かくにん》がとれた今、もうこんな動画に用はない。僕は映像《えいぞう》を止めようと、液晶《えきしょう》の中のボタンを押《お》そうとして――でも、途中《とちゅう》でその指がぴたりと止まった。

録画を止めるのが遅《おく》れたせいで撮影《さつえい》されていた縁側《えんがわ》の風景《ふうけい》の中に、後ろ手に縛《しば》られた白い着物姿《きものすがた》の女が映《うつ》っていたのだ。

紫《むらさき》の唇《くちびる》を半月のようにゆがめて、蝋《ろう》のように白い顔の女がニィと笑う。

ほどけた長い髪《かみ》をだらりと垂《た》らし、めくれた着物《きもの》の裾《すそ》から青アザだらけの足をのぞかせ、その女は頭を下にした逆《さか》さの姿勢《しせい》で、縁側《えんがわ》の天井《てんじょう》を床《ゆか》のようにして立っていたのだ。

なぜか動画の中の逆《さか》さの女と目が合い、僕の全身は一瞬《いっしゅん》でゾッと凍《こお》りついた。

ヒタヒタヒタヒタヒタヒタヒタヒタヒタヒタヒタヒタヒタヒタヒタヒタ――――ッッ!!

いきなり駆《か》け寄《よ》るような足音が、動画を見たまま動けない僕の背後《はいご》から響《ひび》いてくる。

そして氷のように冷たい何かが、背中《せなか》側から僕の頬《ほお》にペタリと貼《は》りついた。

それは顔だった。動画の中に映《うつ》ったものと同じ、逆《さか》さまに垂《た》れた女の顔がすぐ真横にある。

腐《くさ》ったように白くにごった目に間近からにらまれて――僕は、ようやく気がついた。

そう――最初から、天井裏《てんじょううら》から足音なんてしていなかったのだ。

逆《さか》さづりにされた女の幽霊《ゆうれい》は、部屋の中の天井《てんじょう》を逆《さか》さまの姿勢《しせい》で歩いていたのだ。

「……ちゃんといるわよ。天井裏《てんじょううら》じゃなくて、こっち側にね」

どろりとした不快《ふかい》な声が、僕の耳の中へと吹《ふ》き込《こ》まれる。

怖《こわ》くて叫《さけ》ぶことすらできずに、僕は涙《なみだ》をこぼしながら「あぁ……」とあえいだ。気がついてしまったからにはもう、僕は天井《てんじょう》から聞こえる怖《おそ》ろしい足音を無視《むし》できない。

この家で過《す》ごさなければならない夏休みは、まだ半分以上も残っていた。

答案用紙

「永久《えいきゅう》に終わらないんじゃないかと思った」

ケータイにそう笑いかけると、僕は冷めてしまったコーヒーに口をつけた。

「漢字テストの採点《さいてん》、ごくろうさま」という返事が、いつもより弱々しい。

僕はケータイを握《にぎ》り直し、「沙織《さおり》」と呼《よ》んだ。「週末にはお見舞《みま》いに行くよ」

「ダメだよ。今度は中間試験を作らなきゃいけないんでしょ」

「大丈夫《だいじょうぶ》だって」僕はコタツの上に散らかっている生徒たちの答案を出席番号順に並《なら》べる。

「マンガとか、持っていこうか？」

「そんなの、すぐに読み終わっちゃうよ。それより、雑誌《ざっし》がうれしいかも。たくさん字が書いてあって、ステキな風景の写真がのっているやつ」

「そっか。探《さが》してみるよ」

ふと、手が止まった。——また、二十八？　二十八番の答案用紙が二枚《まい》ある。出席簿《しゅっせきぼ》に並《なら》

んだ二年二組の生徒の数は三十七だ。一枚《まい》多い？

「……雑誌《ざっし》を探《さが》してくれるのもいいけど、ちゃんと探《さが》しなよ。新しい恋人《こいびと》」

思いがけない言葉を投げかけられて、僕は「はあ？」と顔を上げた。「何それ」

「原田《はらだ》くんはもっと元気なカノジョを作ったほうがいい。わたしみたいなのとつきあってい
たら、いけないと思う」

「イヤだよ、バカなことを言うな」

その夜、沙織《さおり》との会話は後味悪く終わった。

耳元に「ゴメンね」という彼女の言葉が残っている。僕はケータイを手にしたまましばら
くボンヤリとしていたが、一つため息をついてコタツの上に目を戻《もど》した。

……相田《あいだ》、網島《あみしま》。答案用紙と名簿《めいぼ》の名前を一つずつ照らし合わせていく。……林《はやし》、春山《はるやま》。

さらにもう一枚《まい》めくったところで、「ん？」と声がもれる。

「二十八番・比留宮彩乃《ひるみやあやの》」と記された答案用紙。その名前にも、妙《みょう》に直線的な筆跡《ひっせき》にも心当
たりがない。当然、出席簿《しゅっせきぼ》を見てもそんな生徒は見つからない。

——イタズラか？　と首をひねる。もしかしたら、間違《まちが》えてテストを一枚余分《まいよぶん》に配ってし
まって、それを受け取った生徒が僕を驚《おどろ》かせようとしてコレを提出《ていしゅつ》したのではないか？

しかし、漢字テストのわずかな時間に自分の分もふくめて二枚《まい》の答案を仕上げたのだとしたら、さぞかし大変だっただろう。僕はそんなことを考えながら「比留宮彩乃《ひるみやあやの》」の答案用紙を他のものとまとめて封筒《ふうとう》へしまった。

二年二組は「やりづらいクラス」だった。歳《とし》が近いこともあって、他のクラスの生徒たちは親しく接《せっ》してくれるのだが、二組は少しようすが違《ちが》っていた。反抗的《はんこうてき》なのではなく、どこかよそよそしい。教室の一番後ろの席が空いていて、そこに大きな人形が座《すわ》っている。最初は「ほほえましいな」くらいに思って放っておいたのだが、その人形の薄汚《うすよご》れた洋服や、眼《め》が取れかかった顔を何度も見ているうち、なんだか気味が悪くなってきた。

「そこに座《すわ》っている人形だけどさ」

ある時、そう言ってみた。しかし、こちらが「人形」と口にした瞬間《しゅんかん》、二組の中の空気に、電気が流れたみたいな緊張感《きんちょうかん》が走った。人形のすぐ近くに座《すわ》っていた梶原萌美《かじわらもえみ》という生徒の、青白くこわばった顔。あの時の表情《ひょうじょう》は、今でも忘《わす》れられない。

「――まあ、いいや。授業《じゅぎょう》を続けるぞ」僕は梶原《かじわら》から顔をそらして、そう言った。

それ以来、僕は生徒の前で人形のことには触《ふ》れていない。

翌日《よくじつ》、そんな二組で一人ずつ生徒の名前を呼《よ》びながらテストを返していたら、「せんせー！　平均点《へいきんてん》は？」と、春山聡一郎《はるやまそういちろう》という生徒がなれなれしく聞いてきた。

「点数の落差が激《はげ》し過《す》ぎるから、平均点《へいきんてん》を出しても意味がない。……林《はやし》！」

林《はやし》はテストを受け取ると、苦笑いを浮《う》かべながら友人たちに見せていた。

「計算が面倒《めんどう》だっただけじゃん」春山《はるやま》がまだ平均点《へいきんてん》にこだわっている。僕のあきれた表情《ひょうじょう》を見た生徒たちが、どっと笑う。僕は、そんな二組を見渡《みわた》した。

――この「比留宮彩乃《ひるみやあやの》」の答案用紙は、誰《だれ》がやったにせよ、悪意があってやったことじゃないだろう。教室の奥《おく》にヌイグルミを座《すわ》らせているのも、今回のイタズラも、彼らなりの不器用な甘《あま》えかたなのだ。

「春山《はるやま》！」と呼ぶと、春山《はるやま》が「俺、絶対《ぜったい》満点だぜ。自信あるんだ」と後ろの女子に言いながら、パッとしない点数の答案を受け取る。

「比留宮《ひるみや》！」

つい、呼《よ》んでしまった。昨夜から何度もこの春山《はるやま》と同じ出席番号の名前について考えているうち、比留宮彩乃《ひるみやあやの》という名前が頭の中に定着してしまって、何だかこのクラスにそういう名前の生徒がいるような、そんな気がしていた。

「比留宮《ひるみや》」と呼《よ》んだとたん、教室が沈黙《ちんもく》に包まれた。まるで、教室から三十七名の生徒がいっせいに消えてしまったみたいに。しかしそんな中、

「はい」

静まりかえった教室に、低い返事が響《ひび》いた。

「え？」と声のほうへ顔を上げる。

声がしたのはたしかに教室中央の一番後ろの席だった。しかし、そこには誰《だれ》もいない。いつもの気味悪い人形が椅子《いす》の背《せ》もたれに寄《よ》りかかっているだけだ。その人形と、目が合う。

――今、返事をしたのは誰《だれ》だ？　という問いが、喉《のど》の途中《とちゅう》まで出かかった。けれど、人形の隣《となり》の席から視線《しせん》を感じ、僕は黙《だま》った。梶原萌美《かじわらもえみ》だった。彼女が真《ま》っ青《さお》になりながら大きく目を見開いて、小さく首を横に振《ふ》っている。

僕は軽くうなずくと、そのまま授業《じゅぎょう》を始めた。

教室内のはりつめた空気が少しやわらぐのを、僕は感じていた。

「先生。……彩乃《あやの》のこと、知っているんですか？」

授業《じゅぎょう》が終わってすぐに、梶原萌美《かじわらもえみ》が聞いてきた。その横に、春山聡一郎《はるやまそういちろう》が立っている。

「いや……。この答案用紙は、お前たちのしわざなの？」

そう言いながら「比留宮彩乃《ひるみやあやの》」の漢字テストを春山《はるやま》に見せると、春山《はるやま》と梶原《かじわら》はあごに手を当てて食い入るようにそれを見つめ「やっぱり、彩乃《あやの》の字だ」と、うめくようにつぶやいた。

「誰《だれ》なんだ、比留宮彩乃《ひるみやあやの》って？」と、僕はたずねた。

「彩乃《あやの》は明るくて、学校が大好きな子でした」

梶原萌美《かじわらもえみ》が、手元の答案用紙に目を落としたまま語り出した。

「学校で暮《く》らしたい！　と言うくらい高校生活を楽しんでいた子だったから、急に登校しなくなった時はすごく心配しました。お母さんと二人暮《ぐ》らしだったみたいだし……」

心配になった梶原《かじわら》と春山《はるやま》は、比留宮《ひるみや》の机《つくえ》にたまっていたプリント類を持って彼女のようすを見に行くことに決めた。

実際《じっさい》に行ったことはなかったけれど、比留宮家《ひるみやけ》の場所は、本人から聞いたことがあった。おかげで簡単《かんたん》に比留宮彩乃《ひるみやあやの》の家まで辿《たど》り着くことはできたのだが――。

異様《いよう》な家だった。二人は彼女の家を見上げて息をのんだ。

薄汚《うすよご》れた壁《かべ》のいたるところに「立ち入り禁止《きんし》！」「取材等お断《ことわ》り！」「訪問販売厳禁《ほうもんはんばいげんきん》！」などと書かれた札《ふだ》が貼《は》りつけられている。

むせかえるようなキンモクセイの香《かお》りがあたりに充満《じゅうまん》していたけれど、周囲に木なんて一本も生えていない。安っぽい芳香剤《ほうこうざい》でもこぼしたのだろうか、と梶原萌美《かじわらもえみ》は思った。庭のあちこちにあるのは、キンモクセイではなく、大量の人形だけだった。

「田舎《いなか》のオバケ屋敷《やしき》みたいだな」と、春山《はるやま》が肩《かた》をすぼめて笑った。

「インターホンを鳴らしても、怒《おこ》られたりしないよね?」と、梶原《かじわら》が眉《まゆ》をひそめて振《ふ》り返る。

「彩乃《あやの》のママが妙《みょう》な宗教《しゅうきょう》にハマっているらしい」という噂《うわさ》を以前、聞いていたからだ。

「鳴らしちゃダメっていうなら、最初からインターホンなんかつけないだろ」と春山《はるやま》がもっともなことを言う。けれど、そんな彼の腰《こし》が引けているのを梶原《かじわら》は見逃《みのが》していなかった。

幸い、玄関《げんかん》に現《あらわ》れたのは比留宮彩乃《ひるみやあやの》だった。

「彩乃《あやの》!」

彩乃《あやの》は、いつもどおりの笑顔《えがい》を浮《う》かべていた。萌美《もえみ》は安堵《あんど》しながら両腕《りょううで》をひろげ、そして、そのまま凍《こお》りついた。後ろで春山《はるやま》が「ひっ」と息をのむのが聞こえた。

比留宮彩乃《ひるみやあやの》のパジャマは、赤黒い血で染《そ》まっていた。

「彩乃《あやの》……大丈夫《だいじょうぶ》?」

「うん。プリント、持ってきてくれてありがとう!」くったくのない笑顔《えがお》で彩乃《あやの》がうなずく。

その背後《はいご》――暗い廊下《ろうか》に、足首が突《つ》き出されていた。青白い肌《はだ》に、紫色《むらさきいろ》のシミがあちこち浮《う》き上がっている。花柄《はながら》の靴下《くつした》を履《は》いたその足は、さっきからピクリとも動いていない。

「あのさ、彩乃《あやの》……」あれ、お母さんの足だよね？　なんて恐《おそ》ろしくて聞くことができず、「えっと」などとごまかしていたら、「彩乃《あやの》。誰《だれ》か来たの!?」という声が居間《いま》から聞こえた。

「友だちだよ、母さん」と彩乃《あやの》が振り返って答える。

「すぐに帰ってもらいなさい！　こんなところを見られたら、全部、台なしになる！」

「あっ、俺たち、もう帰るよ」春山《はるやま》があわててカバンを持ち直した。

「ゴメンね」と、彩乃《あやの》はたいして気まずいようすもなく顔の前で手を合わせた。

二人はすぐに比留宮家《ひるみやけ》をあとにした。月面を歩いているような気分だった。

「あの足って――」と春山《はるやま》がつぶやいた。「しゃべっているときも全然動かなかったよな？」

「……うん」梶原萌美《かじわらもえみ》はうなずいた。

たぶん廊下《ろうか》に出ていた血の気のない足は彩乃《あやの》のお母さんのもので、もしかしたら、ということか、たぶん死んでいた。でも、たしかに彩乃《あやの》のお母さんらしい人の声が聞こえた。どういうことなのか不思議だったけれど、梶原《かじわら》は真相を知りたいと思わなかった。関わりたくなかった。

なのに、その数日後、比留宮彩乃《ひるみやあやの》から梶原《かじわら》の家に小包が届《とど》いた。

「これ、わたしだから。わたしだと思ってわたしの席に置いておいて」という乱《みだ》れた文字の踊《おど》る手紙と一緒《いっしょ》に、大きな人形が入っていた。人形の中には、綿《わた》しか入っていなそうだったけれど、その割《わり》に重かった。

そして、それきり、比留宮彩乃《ひるみやあやの》はいなくなった。

いきなり転校の書類が事務室《じむしつ》に郵送《ゆうそう》されてきて、驚《おどろ》いた前任《ぜんにん》の先生が彩乃《あやの》の母親に電話すると、彩乃《あやの》の母の声が「転校させてください」と言った。けれど、何度聞いても転校の理由がハッキリしない。前任《ぜんにん》の先生は「腑《ふ》に落ちない」と言っていた。

その日、もっとずっと「腑《ふ》に落ちない」できごとが起こった。

比留宮家《ひるみやけ》から母娘《ははこ》の奇妙《きみょう》な遺体《いたい》が発見されたのだ。どちらからも心臓《しんぞう》が抜《ぬ》き取られていた。娘《むすめ》の彩乃《あやの》は数日前に、母親のほうは少なくとも一か月前には亡《な》くなっていた。

それが、去年起きた事件《じけん》の警察《けいさつ》の見解《けんかい》だったという。

二人から聞いた話は、信じられない内容《ないよう》だった。けれど、梶原《かじわら》たちのおびえた表情《ひょうじょう》を思い返すと、嘘《うそ》だとも思えない。別に比留宮彩乃《ひるみやあやの》の話が本当だろうが嘘《うそ》だろうが、どうでもいいはずなのに、なぜか、どうしても、気になってしかたがなかった。

二人から話を聞いた後、僕は急いでノートパソコンを開いた。

ネットのニュース記事を調べたら、比留宮彩乃《ひるみやあやの》の母親が由起子《ゆきこ》という名前だとわかった。

次に、比留宮由起子《ひるみやゆきこ》がどういう宗教《しゅうきょう》をやっていたのか調べてみる。

「肉体が滅《ほろ》べば、魂《たましい》もまた滅《ほろ》びる。魂《たましい》だけが天国に行くなどという考えは、まやかしだ。魂《たましい》を永遠《えいえん》に生かすための唯一《ゆいいつ》の方法——それは、古くなった肉体を破壊《はかい》して、魂《たましい》の容《い》れ物を替《か》えることである」

比留宮由起子《ひるみやゆきこ》のブログ。その最後の日記に、そう書いてあった。

「魂《たましい》を永遠《えいえん》に生かす……」と、僕はつぶやいた。


夜の学校で、僕は中間試験の問題を作っていた。週末までに作ってしまわないと沙織《さおり》のお見舞《みま》いに行けなくなるのに、全然集中できない。

僕は採点《さいてん》を中断《ちゅうだん》すると、「比留宮彩乃《ひるみやあやの》」の答案用紙を引き出しから取って眺《なが》めた。

「**音《おん》に注目して漢字を覚えてみよう！　第9回小テスト——ホウ・ボウ**」という表題だ。

ヴーッ！　机《つくえ》の上で僕のケータイが震《ふる》えた。

僕は答案用紙を見下ろしたまま電話に出る。「原田《はらだ》さん、急にごめんなさい」と謝《あやま》る声が、揺《ゆ》れていた。

沙織《さおり》の母親だった。

「今日、お医者さんに『心の準備《じゅんび》をしておけ』って言われて……」

「……」目の前が暗くなる。息ができなくなる。

「今まで娘《むすめ》のこと、本当にありがとうございます」

僕は何も言えないまま、いつの間にか電話を切っていた。

「比留宮彩乃《ひるみやあやの》」の漢字テスト。きちんと書けている漢字は——

古くからのしきたりをモホウする……親のホウシンにしたがう……魂《たましい》をカイホウした……ホウコウ剤《ざい》で嫌《いや》な匂《にお》いを消す……すべてがスイホウに帰するところだった……

親のフホウが伝わる……人形をサイホウする……

人形をサイホウする、のところで息がつまった。

——比留宮由起子《ひるみやゆきこ》と彩乃《あやの》は、まだ生きているんじゃないか。そんな考えが脳裏《のうり》に浮《う》かんでいた。二人は、何らかの方法で自分たちの古くなった肉体を破壊《はかい》して、魂《たましい》の容《い》れ物を替《か》えたんじゃないのか。つまり、魂《たましい》の容《い》れ物っていうのは、自分たちの心臓《しんぞう》を……。

二組にあった、あの人形が脳裏《のうり》によみがえる。

僕はケータイを取り出した。もう、電話に出られないかもしれない。そんな心配をしていたら、「はい」という返事が耳に届《とど》いた。

「沙織《さおり》」と僕は呼《よ》びかける。

「ゴメンね」彼女の声はか細かった。「雑誌《ざっし》、読めそうもないや……」

僕はそんな彼女の言葉を聞きながら夜の学校を歩いていた。非常口《ひじょうぐち》のランプが、廊下《ろうか》のタイルを照らしている。

「雑誌《ざっし》なんて読まなくていいよ」

静まりかえった廊下《ろうか》に、僕の足音だけが響《ひび》く。

学校には、僕の他に誰《だれ》もいなかった。いや、僕の他にも一つ、濃密《のうみつ》な気配《けはい》が漂《ただよ》っていた。

二階の渡《わた》り廊下《ろうか》を突《つ》き当たった右に、二年二組の教室がある。

「写真なんかで風景を見なくたって、連れてってやるよ。どんな手段《しゅだん》を使ってでも……」

そう言いながら、僕は教室の扉《とびら》に手をかけた。

完璧《かんぺき》な女性《じょせい》

中岡恵《なかおかめぐみ》はため息をつくと、ひと口も食べなかった弁当《べんとう》の箱を鞄《かばん》に戻《もど》した。

教室の窓《まど》に映《うつ》る自分を見て、「こっち見ないでよ、ブーブー」とつぶやく。

この世でいちばん嫌《きら》いなものは、鏡に映《うつ》る自分の姿《すがた》だった。

ぽっこりと出たお腹《なか》、むっちりと肉のついた腕《うで》と足、小学生に間違《まちが》われる低い身長――。

子豚《こぶた》みたいな体型だな、と恵《めぐみ》は再《ふたた》び、深いため息をつく。

「恵《めぐみ》ってかわいいよね」「ポテンシャル高いよ」「肌《はだ》きれいだし」「優《やさ》しいし、絶対《ぜったい》モテるよね」

そう言ってくれる子たちはみんな痩《や》せているし、かわいくておしゃれなヘアースタイルで髪色《かみいろ》も茶色に染《そ》めたりして、耳にはピアスまで輝《かがや》いている。恵《めぐみ》もそんなふうにオシャレをしてみたかったが、今の自分の体型では恥《はじ》をかくだけだと考えていた。だから、女の子らしさにあふれている彼女たちの言葉は恵《めぐみ》にとって、ただのイヤミにしか聞こえなかった。

――あーあ、リオみたいになれたらな。

恵《めぐみ》の視線《しせん》は、斜《なな》め前の席でおいしそうに焼きそばパンを頬《ほお》ばる女子に向けられる。

飛鳥《あすか》リオは、今学期のはじめに転校してきた帰国子女だ。それまでは父親の仕事の関係でインドネシアに住んでいた。向こうではファッション誌《し》のトップモデルだったらしい。

小麦色に焼けた肌《はだ》、背中《せなか》まであるウェーブのかかった金髪《きんぱつ》、百八十センチ以上ある身長。何をしていても、かっこいい。そばに寄《よ》ると甘《あま》い匂《にお》いもする。暮《く》らしも見た目も、何もかもが自分と違《ちが》いすぎて、恵《めぐみ》は彼女が自分と同じ高校生だとはとても思えなかった。

転校して早々ファンクラブができ、いまだにサインをもらいに来る人もいる。彼女がいるだけで男子はそわそわして落ち着きがなくなり、急に髪《かみ》を整えだしたりする。女子たちは取り巻《ま》きのようにリオについてまわっている。校内でリオの人気は芸能人《げいのうじん》なみだった。

けれども、一部の生徒たちは彼女を好ましく思っていなかった。

というのも、リオは外見こそ完璧《かんぺき》なのだが、いかんせん性格《せいかく》には難《なん》があった。なんでも自分が一番でないと気が済《す》まない質《たち》で、他人を下に見てしまうところがある。

でも、こんな容姿《ようし》を持ってしまったなら、それもしかたのないことだと恵《めぐみ》は思っていた。それに、そんな性格《せいかく》も含《ふく》めて飛鳥《あすか》リオなのであって、その女王様っぽさも人気の一つなのだ。

「ねぇ、リオはどうやってそのスタイルを保《たも》ってるの？　なにか秘訣《ひけつ》とかあるの？」

気になる会話が聞こえてきたので、恵《めぐみ》は耳を傾《かたむ》けた。

リオは笑《え》みを浮《う》かべながら、食べ終えたパンの包装《ほうそう》をその辺にポイと捨《す》てる。

「そんなものないよ。なにしたって太らない、そういう体質《たいしつ》なの」

「えぇー、なんかそれズルくない？　私、けっこうつらいダイエットしてるのに」

「私も炭水化物抜《ぬ》きまくって、夜なんかお腹空《なかす》いて寝《ね》られないよー」

「あんたたちと私は違《ちが》うの」リオは勝ち誇《ほこ》った表情《ひょうじょう》を見せる。「食べたいものは食べるし、やりたくないことはしない。モデルだって面倒《めんどう》になったからやめたのよ」

「リオったら本当に同じ人間なの？　つーか、なんかもうやる気なくすわー」

意外だった。あの完璧《かんぺき》なまでの容姿《ようし》を維持《いじ》するには並大抵《なみたいてい》の努力では無理だろうと思っていたのに。でもたしかにリオは、その努力を学校生活では見せなかった。授業中《じゅぎょうちゅう》に隠《かく》れてポテトチップスを食べているし、昼食に大盛《おおも》りカレーと惣菜《そうざい》パン三個《こ》をぺろりとたいらげる。帰りには取り巻《ま》きたちを連れて駅前のファストフード店やクレープ店へ行っていた。

そのぶん、肉体を酷使《こくし》しているのかというとリオは運動が大嫌《だいきら》いで、どの運動部の誘《さそ》いも一瞬《いっしゅん》で断《ことわ》っていたし、体育の時間は取り巻《ま》きたちと木陰《こかげ》で寝《ね》そべりながら談笑している。

――でも、本当はあのスタイルを保《たも》ち続ける秘訣《ひけつ》が何かあるんだろうな。

「ていうかリオさ、また背《せ》、伸《の》びたんじゃない？」

「私も思った。あと足も細くなった気がする」

恵《めぐみ》も気づいていた。いつも彼女のことを見ているから変化はすぐにわかる。

いいなぁ、うらやましいなぁと目を細めながら見ていると、

「ちょっと」とリオが恵《めぐみ》に鋭《するど》い視線《しせん》を向けた。「さっきから何こっち見てんの？」

「あ、ご、ごめん……なさい」

「こっち見ないでくれる？　ブスがうつるから」

取り巻《ま》きたちが「ひどーい」と笑った。恵《めぐみ》は顔を真《ま》っ赤《か》にして下を向いた。

「ごめんなさい……その……飛鳥《あすか》さん、きれいだなと思って……」

「あのさ、気安く名前呼《よ》ばないでくれる？　気持ち悪いんだよ」

取り巻《ま》きたちが爆笑《ばくしょう》する。恵《めぐみ》は顔を上げることができなかった。

「いい加減《かげん》にしなよ」一人の女子がリオに食ってかかった。「ちょっと見た目がいいからって女王様きどり？　……恵《めぐみ》に謝《あやま》んなよ」

「はぁ？　もう一人ブスが増《ふ》えてなんか言ってるんですけど。ブス語わかんなーい」

「この女、マジでサイアク」

そこから激《はげ》しい口喧嘩《くちげんか》になった。はじめはリオに反感を抱《いだ》いている女子数人VSリオと取り巻《ま》きたちだったが、次第《しだい》に男子からもリオ批判《ひはん》の声が上がりだした。

「飛鳥《あすか》ってさ、見た目は美人でも性格《せいかく》は超《ちょう》ブスだよな」

「知ってるか？　あいつ、俺たちのこと陰《かげ》でゴミ男子って言ってんだぜ」

いつもはチヤホヤしていた男子たちも普段《ふだん》の彼女の言動には許《ゆる》せないところがあったのか、一気に不満を爆発《ばくはつ》させた。そのうち取り巻《ま》きたちも黙《だま》り込《こ》んでしまい、気がつけばリオ一人が二十人以上のクラスメートから責《せ》め立てられることとなった。

「謝《あやま》りなよ」「人のこと見くだしてんじゃねぇぞ」「中身が腐《くさ》ってんな」「偉《えら》そうに」

その日からリオは、孤立《こりつ》してしまった。

取り巻《ま》きたちも離《はな》れ、もう誰《だれ》も以前のようにチヤホヤしなくなった。みんな陰《かげ》でリオのことを悪《あ》しざまに言うようになり、そんな会話が毎日のように恵《めぐみ》の耳にも入ってきた。

「モデルの同期、みんな謎《なぞ》の失踪《しっそう》してるんだって。あいつが殺《や》ったんじゃない？」

「新人だけじゃなく、先輩《せんぱい》モデルもいびって辞めさせたって。そりゃ、トップになるわ」

「検索《けんさく》したら『呪術《じゅじゅつ》でライバルを蹴落《けお》としていた』って。こわっ」

「いろいろバレて、向こうのモデル業界を干《ほ》されたから日本に逃《に》げてきたんだろうね」

そんな会話はリオの耳にも届《とど》いていたはずだけど、彼女は弱い面を一切《いっさい》見せず、以前と変わらぬ堂々とした態度《たいど》で学校生活を送っていた。


帰りのホームルームが終わると、リオは誰《だれ》よりも先に教室を出る。この日もそうだった。

恵《めぐみ》はリオの後をついていく。……今日こそは、ちゃんと伝えなければならない。

恵《めぐみ》はリオに謝《あやま》りたかった。あの日を境《さかい》に彼女の学校生活は最悪なものになってしまった。元はといえば、自分がリオのことを見ていたからだ。あの時のことを謝《あやま》って、それから……友達になってもらうことはできないかと考えていた。

昇降口《しょうこうぐち》を出たリオは、足早に運動場の真ん中を突《つ》っ切って校門から出ていった。足が長いぶん、歩くのも早かった。恵《めぐみ》が走って校門を出ると、そこにリオが待っていた。

「……何の用？」

「謝《あやま》りたくて……」恵《めぐみ》はうつむく。「飛鳥《あすか》さんは何も悪くないのに……私のせいで……」

ふん、と恵《めぐみ》に背中《せなか》を向けて、リオは歩きだす。

「ほんとだよ。あんたのせいで、こっちは最悪な毎日だよ」

「ごめんなさい、本当にごめんなさい」と、恵《めぐみ》は何度も頭を下げながら後をついていく。

「……うそ。あんたのせいじゃないよ。言ってたじゃん、男子が。私の性格《せいかく》がブスなんだって。だから、こうなったのは私のせい。──で、用はそれだけ？」

「あ、あの」恵《めぐみ》は勇気《ゆうき》を振《ふ》りしぼる。「私と……と、友達に……」

リオはきょとんとして、それからケラケラと笑った。

「なんで？　私といてもいいことないよ？　きっとまたブスって言っちゃうと思うし」

「別にいいよ、ほんとにブスだもん……私ね、ずっと飛鳥《あすか》さんに憧《あこが》れてたの」

「いーよ別に、私に気を遣《つか》わなくても。じゃあね」

スタスタと去るリオの後ろを、恵《めぐみ》がパタパタと小走りで追いかける。

「本当なの！　こんな私でも夢《ゆめ》を見ちゃったりするの。もし、飛鳥《あすか》さんみたいな容姿《ようし》だったらって。私みたいなのが、何したってかなわない夢《ゆめ》だけど……でも憧《あこが》れる人がいるって、すごく幸せなことなの。だから私……飛鳥《あすか》さんにはとても感謝《かんしゃ》しているんだ」

リオは足を止めると大きなため息をはいて、「リオでいいよ」と恵《めぐみ》に顔を向ける。

「今から、うちに来る？　私の身体《からだ》の秘密《ひみつ》、教えてあげる」

リオの家は住宅街《じゅうたくがい》から離《はな》れたところにある、洋風な造《つく》りの豪邸《ごうてい》だった。

門から邸宅《ていたく》まで長い石畳《いしだたみ》が続き、その両脇《りょうわき》には怪物《かいぶつ》の像《ぞう》が並《なら》んで恵《めぐみ》をにらんでいる。

「こんなに大きな家……私、初めて見たよ」

「無駄《むだ》に大きいだけよ。もとはおじいちゃんとおばあちゃんの住んでいた家なの。どっちも二年前に死んじゃって、両親も仕事でほとんど海外だし、いつもメイドと二人暮《ぐ》らしよ」

リオは玄関《げんかん》にではなく、邸宅《ていたく》の裏《うら》へと恵《めぐみ》を連れていく。そこには地面にとりつけられた鉄の扉《とびら》があり、石造《いしづく》りの階段《かいだん》が地下へと続いていた。地下の闇《やみ》の奥《おく》からは強いお香《こう》のような甘《あま》い匂《にお》いが漂《ただよ》ってきて、リオが普段《ふだん》まとっている匂《にお》いと同じだと恵《めぐみ》は思った。

「怖《こわ》い？」と、リオはイタズラな表情《ひょうじょう》で恵《めぐみ》の顔を下からのぞき込《こ》む。

「ううん、ちょっとドキドキしてきただけ。ここに……リオの秘密《ひみつ》があるの？」

「びっくりして、あんた逃《に》げ出すかもね。でも、私みたいになりたいんでしょ？」

恵《めぐみ》が大きくうなずくと、「暗いから足元に気をつけて」とリオは先に下りていった。

階段《かいだん》は石の壁《かべ》に囲まれた大きな部屋へと続いていた。古そうな分厚《ぶあつ》い本がたくさん収《おさ》まった木製《もくせい》の棚《たな》や、無数に針《はり》の刺《さ》さった人形や用途《ようと》不明の道具の置かれた金属製《きんぞくせい》の台がある。

壁《かべ》には解読《かいどく》できない異国《いこく》の文字や奇妙《きみょう》な絵が刻《きざ》まれ、部屋中央の床《ゆか》には幾何学的模様《きかがくてきもよう》が大きな円を描《えが》いている。その円の中央には三角を組み合わせた六芒星《ろくぼうせい》がある。

「噂《うわさ》では聞いたことあるでしょ。私が魔術《まじゅつ》を使ってモデル業界をのし上がったって」

「でも、あれはただの噂《うわさ》で……」

「まあ、たしかに新人いびりなんかしてないけど、私がしたのは……こういうこと」

リオが台の上に投げるように置いた一枚《まい》の紙を、恵《めぐみ》は手に取る。そこには、写真から切り抜《ぬ》かれた人の顔、胴体《どうたい》、手足が、一体の人の形になるようにコラージュされていた。顔はリオだが、胴体《どうたい》、手足は肌《はだ》の色が違《ちが》うので別人のもののようだ。

「胴体《どうたい》はインドネシアの元トップモデル、イアナ。腕《うで》は日本人モデルの太田《おおた》ノワ、足はグラビアアイドルの富良野《ふらの》ゆり。頭は、私——どう？　理想的な身体《からだ》だと思わない？」

これが今の私なの、とリオは告白した。

「……え？　ちょっとまって……言ってることがわからないよ」

「……だよね。まあ簡単《かんたん》に言えば、腕《うで》とか足とか指とか、肉体をパーツ単位で他人と交換《こうかん》できちゃう便利な方法があるってこと。私のこの細い腕《うで》や長い足は、もともとは別人のもの。でもそれを支配《しはい》する頭が私ならば、その身体《からだ》はもう飛鳥《あすか》リオの一部なのよ」

でもね、とリオは疲《つか》れたような笑《え》みを浮《う》かべる。

「心がブスって言われたら、どうしようもないよ。そればっかりはここの問題だから」

こんこん、とリオは自分のこめかみを指でつついた。

「リオは心もブスじゃないよ。だって、こうして私に心を開いてくれた」

「……あんたスタイルは最悪だけど、ほんと優《やさ》しい子だね。こんな私のことなんか心配してくれて……でも、もういいよ。私、なんか疲《つか》れちゃった。ねぇ……私と交換《こうかん》しよっか」

「えっ」と恵《めぐみ》が表情《ひょうじょう》をこわばらせると、リオはクスリと笑う。

「大丈夫《だいじょうぶ》。あんたはあんたのままだから」


翌日《よくじつ》、中岡恵《なかおかめぐみ》は以前までには持てなかった自信をみなぎらせて登校した。

彼女が廊下《ろうか》を通ると、生徒たちが信じられないものを見たような顔で振《ふ》り返る。

みんな、恵《めぐみ》の変わりぶりに驚愕《きょうがく》していた。小学生と間違《まちが》えられるほど小柄《こがら》で、ぽっちゃりとしていた彼女が、一夜にして身長百八十センチ超《ご》えのモデル体型になっていたのだ。

姿《すがた》は変わっても、謙虚《けんきょ》で気遣《きづか》いのできる性格《せいかく》は変わらず、容姿《ようし》も中身も完璧《かんぺき》な女性《じょせい》へと変《へん》貌《ぼう》を遂《と》げていたのである。

この日、担任《たんにん》が飛鳥《あすか》リオの転校を告げたが、クラスの誰《だれ》も気にもとめていなかった。

お姫《ひめ》さま気分

もともと、島崎早映《しまざきさえ》は引っ込《こ》み思案《じあん》だった。趣味《しゅみ》と言えば漫画《まんが》を読むことくらい。人と話すのは苦手で友達もいない。家から一歩出ればずっとうつむいていた。周囲の全てが自分よりも輝《かがや》いて見えて、毎日がみじめだった。

そんな早映《さえ》に変化がやってきたのは、去年の春——高校に進学したばかりのころだ。勇気を出してある部活に入ったら、世界が一八〇度変わったのである。

「ちゃーっす」

高めに作った声で挨拶《あいさつ》をしながら、早映《さえ》は部室の扉《とびら》を開けた。

「ちゃーっす！」「さえちーキター！」

中にいた部員たちが、やたらとハイテンションな反応《はんのう》を返してくる。

——漫画研究部《まんがけんきゅうぶ》、通称《つうしょう》は漫研《まんけん》。それこそ漫画《まんが》の中にしか出てこないと思われがちな部活だが、早映《さえ》の高校には実在《じつざい》していた。

「掃除《そうじ》してたら遅《おく》れちゃったー。ごめんねえ」

早映《さえ》は、そんな漫研唯一《まんけんゆいいつ》の女子部員である。

「いいよいいよー」

「さえちーは真面目《まじめ》だよね」

部員たちは、にこにこして早映《さえ》を迎《むか》え入れた。

「掃除《そうじ》お疲《つか》れさま。さえちーの好きなチョコチップクッキー、買っといたよ」

「ジュースもあるよ」

たった一人の女子部員ということもあって、早映《さえ》は漫研《まんけん》でとても大事にされているのだ。

――同じ趣味《しゅみ》の仲間がほしくて入部した早映《さえ》を、女子とまったく縁《えん》のない部員たちはアイドルのごとく扱《あつか》い始めた。

初めのうちは戸惑《とまど》ったし、いきなり距離《きょり》を詰《つ》めてくるところなどはちょっと不気味にも思った。しかし、ちやほやされること自体に悪い気はしなかった。お姫《ひめ》さま気分になれるのだ。

やがて、早映《さえ》は部員たちの望む役柄《やくがら》を積極的《せっきょくてき》に演《えん》じるようになった。声色《こわいろ》を作ってみたり、髪型《かみがた》をアニメっぽいツインテールにしてみたり、ニーソックスを履《は》いてみたり、コスプレしてみたり。その度に彼らは興奮《こうふん》し、ますます早映《さえ》を大事にするようになった。

「さえちー」

ちなみに、ただ大事にされるだけではない。「メリット」もあったりする。

「ネットオークションで見つけて落札してきた」

部員の一人が、唐突《とうとつ》に美少女キャラが印刷された箱を差し出してきた。

「これは？」

それが何なのか早映《さえ》はだいたいの見当がついていたが、わからないフリをする。観察《かんさつ》をとおして「オタク男子は、趣味《しゅみ》に関して自分よりも詳《くわ》しくない女子を好む」と知ったからだ。

「さえちーが好きって言ってたラノベの二巻《かん》の限定版《げんていばん》。いろいろ特典ついてる」

「ええっ。そんなの悪いよ。オークションとか高かったでしょ？」

差し出されても、すぐには手を出さない。慎《つつし》み深いさえちーとして振《ふ》る舞《ま》うのだ。

「別にいい」

改めてそう言ってきたところで、表向きすまなさそうに早映《さえ》は箱を受け取った。内心ではホクホク顔である。しめしめ。

「ありがとう」

受け取るときに、相手の体に軽く手を触《ふ》れる。このボディタッチが決め手だ。

「うん、いや、うん」

相手はデレデレし、他の部員たちの表情《ひょうじょう》には嫉妬《しっと》と羨望《せんぼう》が浮《う》かぶ。言わばご褒美《ほうび》にして餌《えさ》であり、これをちらつかせることで、早映《さえ》はこの部を「自分の望みをかなえる場」にしたのだ。

「そういやさ、うちのテレビって結構《けっこう》大画面なんだけど――」

「あ、そう言えばネットで見たんですけど。来期のアニメに面白《おもしろ》そうなのがあって」

調子に乗った相手がさらに踏《ふ》み込《こ》んでくるが、それは素早《すばや》くかわす。部員たちにちやほやされたいけれど、特定の誰《だれ》かとつきあうつもりは毛頭《もうとう》ない。

――なぜなら、本命がいるからだ。


「左サイド、上がって!」

ボールを蹴《け》りながら運動場を駆《か》け抜《ぬ》けるのは、サッカー部主将《しゅしょう》・石塚栄貴《いしづかえいき》。彼こそ早映《さえ》の本命、いわば王子さまである。暇《ひま》さえあれば、早映《さえ》は彼の姿《すがた》を物陰《ものかげ》からこっそり見ている。

栄貴《えいき》は、学校のヒーローだ。スポーツ万能《ばんのう》なのはもちろん、学業成績《せいせき》も優秀《ゆうしゅう》でしかも眉目《びもく》秀麗《しゅうれい》(イケメン)。本来の早映《さえ》のポジションからすれば、手なんて届《とど》きっこない雲の上の存《そん》在《ざい》である。

しかし、今の早映《さえ》は今までの早映《さえ》ではない。「さえちー」として、男子を手玉に取る経験《けいけん》をたっぷり積んだ。女子としてレベルアップした早映《さえ》に、栄貴《えいき》もきっと興味《きょうみ》を持つはずだ。

「よーし」

早映《さえ》は決意した。栄貴《えいき》に告白しよう。お姫《ひめ》さま気分、ではない。本当のお姫《ひめ》さまになるのだ。物語の最後には、王子さまと結ばれてハッピーエンドを迎《むか》えるのだ。

「というわけで、告白することにしました！」

まずやったのは、漫研《まんけん》での発表だった。彼らは全員「自分は他の奴《やつ》らと違《ちが》って友達以上恋《こい》人《びと》未満の関係だ」とか思っているわけで、釘《くぎ》を刺《さ》しておかないと足を引っ張《ぱ》られかねない。

部員たちはというと、みな呆然《ぼうぜん》としていた。何か、大切なものが粉々《こなごな》に砕《くだ》けてしまったかのよう。これは、少しフォローが必要なようだ。

「でも、みんなのことも大好きだよ」

自分で言っておいて何だが、さすがにこれはとおらないかもしれない。都合が良すぎる。

「うん、わかったよ」

かと思いきや、そうでもなかった。

「さえちーの幸せが、僕たちの幸せだよ」「応援《おうえん》するよ！　頑張《がんば》ってさえちー！」

部員たちは、実にちょろい反応《はんのう》を返してくる。早映《さえ》はほっとした。ああ、やはりここは「早映《さえ》の望みをかなえる場」だ。後は、栄貴《えいき》にアタックするだけである――


「栄貴《えいき》くん、好きです！」

放課後の校舎裏《こうしゃうら》。早映《さえ》は鏡を見ながら何度も練習した上目遣《うわめづか》いポーズで、栄貴《えいき》に告白した。

「ごめん。本当に申し訳《わけ》ないんだけど、君とはつきあえないんだ」

これ以上ない、玉砕《ぎょくさい》だった。ポーズを決めたまま、早映《さえ》は凍《こお》りつく。

「好きな人がいるんだ。片思《かたおも》い、だけど」

栄貴《えいき》は、すまなさそうな表情《ひょうじょう》でそんなことを言ってきた。


早映《さえ》は部員たちを使って情報《じょうほう》を集めた。人間関係の狭《せま》い連中ばかりだが、早映《さえ》の望みをかなえるべく奮闘《ふんとう》し、ついに怪《あや》しい存在《そんざい》をつかんだ。文芸部部長のナントカという女だ。

見た目は地味だし、スタイルも猫背《ねこぜ》気味で全然良くない。趣味《しゅみ》なんて俳句《はいく》らしい。俳句《はいく》？

女子高生の趣味《しゅみ》が？　ありえない。「ちょっと変わった自分」に酔《よ》ってるタイプだろう。目は、まあ早映《さえ》よりも大きいけれど、早映《さえ》に言わせればぎょろりとしていて気持ち悪い。だから早映《さえ》はそいつのことをカエルと呼《よ》ぶことにした。俳句《はいく》といったらカエルだし。

早映《さえ》は、自分でカエルを見張《みは》り始めた。部員たちにやらせると多分すぐにバレるからだ。

カエルの学校生活は、授業《じゅぎょう》を受けて部活に出て帰るだけという退屈《たいくつ》なものだった。目立つ点といえば、休み時間に手帳とペンを持ってふらふら校内を歩き回っているところくらいだ。どうせ俳句《はいく》を考えていますアピールだろう。わざとらしさを感じて早映《さえ》はいら立った。

ある日、カエルは体育館裏《うら》に行った。妙《みょう》に落ち着きがなく、普段《ふだん》と少しようすが違《ちが》う。怪《あや》しく思いつつ遠くから見張《みは》っていると、なんと栄貴《えいき》が現《あらわ》れた。

声が聞こえないが、嫌《いや》な予感がする。近づこうとした早映《さえ》だが、その必要はなかった。栄《えい》貴《き》がカエルに何か言い、カエルはうなずき、そしてそっと抱《だ》き合ったのだ。

「どうしたの？」「え、えっ」「誰《だれ》だよ泣かせたのは！」

漫研《まんけん》の部室は、騒然《そうぜん》となった。早映《さえ》が、涙《なみだ》を拭《ぬぐ》うようなしぐさを見せたからだ。

「ううん、何でもないの」

早映《さえ》は強がっているかのように振《ふ》る舞《ま》う。

「何でもないわけないだろ！」「教えてくれよ」「俺たちでよければ力になるから」

部員たちが、必死の形相《ぎょうそう》でたずねてくる。

「あの文芸部の部長に、大切なものを横取りされて。わたしの気持ちを、踏《ふ》みにじられたの」

部員たちに、早映《さえ》は毒をまき始める。嘘《うそ》は言っていない。

「許《ゆる》せない」「さえちーによくも」「さえちーを守ってあげないと」

そそのかしてもいない。ただ事実を並《なら》べ、その後は涙《なみだ》を流すフリをして黙《だま》っているだけだ。

「思い知らせないと」「さえちーは巻《ま》き込《こ》んじゃいけないな」「俺たちだけでやろう」

部員たちが、目を血走らせて相談を始める。ここは、早映《さえ》の望みがかなう場だ。たとえばそれが、「自分の手を汚《よご》さずに憎《にく》い相手を痛《いた》めつけたい」というようなものであっても。


数日後。二時限目《じげんめ》が終わった休み時間、教室がざわめきだした。

「それほんと？」「マジやばかったらしいよ」「女の子」「文芸部の部長だって」

スマホを触《さわ》る手を止め、早映《さえ》は耳をそばだてた。笑顔《えがお》が浮《う》かびかけるのを必死でこらえる。

「階段《かいだん》から落ちたの？」「そうそう」「顔からいっちゃったみたいで、血がすごいらしいよ」

早映《さえ》は心の中で小おどりした。やった。カエルの顔がつぶれた。ざまあみろ。

その日の放課後、久しぶりに早映《さえ》はサッカー部の練習を見に行った。カエルの登場以降《いこう》、つらくて見に行けてなかったのだ。

しかし、練習に栄貴《えいき》の姿《すがた》はなかった。次の日も、そのまた次の日も、栄貴《えいき》は現《あらわ》れなかった。

不思議に思い、早映《さえ》は再《ふたた》び部員たちに調べさせた。今度は、すぐに事実がわかった。

「サッカー部をやめたらしい」

漫研《まんけん》の部室で、部員の一人がそう言った。

「入院しているカエルに付き添《そ》うためだって」

早映《さえ》は打ちのめされた。自分がお姫《ひめ》さまだというのは、思い上がりだった。早映《さえ》はお姫《ひめ》さまではなかった。お姫《ひめ》さまと王子さまを邪魔《じゃま》する、意地悪な魔女《まじょ》だったのだ。

「さえちーのほうが絶対《ぜったい》かわいいし」「弱み握《にぎ》られてるとか?」「目が腐《くさ》ってんじゃゃね」

部員たちが元気づけようとしてくるが、正直うっとうしい。こいつらの愛などいらない。

「もういや。一人でじたばたしてバカみたい。みっともなくて死にたい」

早映《さえ》は机《つくえ》に突《つ》っ伏《ぶ》した。部員たちは誰《だれ》も何も言わず、部屋から出て行った。それでいい。

一人のほうがマシだ。

少しして再《ふたた》び扉《とびら》が開き、次々に部員たちが入ってくる。ウザい。何をしに戻《もど》って来たのだ。

「――えっ」

顔を上げた早映《さえ》の目に飛び込《こ》んできたのは、ひどく異様《いよう》な光景《こうけい》だった。

「ううっ」「つらいよ、さえちー」「ごめんね、許《ゆる》して」

部員たちは、みな泣いていた。それだけでも奇異《きい》なのに、手に手に何か持っているのだ。

「すぐに俺たちも行くから、待っててね」「あっちでも、守ってあげるから」

それは金づちだったり、バットだったり、彫刻刀《ちょうこくとう》だったりした。

「本当に悲しいけど、しかたないよ」

割《わ》れたガラスを手にした部員が、涙《なみだ》も拭《ふ》かずに言う。

「あの、みんな？　どうしたの？」

異様《いよう》な雰囲気《ふんいき》にすくみ上がりながら、早映《さえ》は聞いた。

「さえちーが『死にたい』っていうなら」

早映《さえ》の問いに、部員たちは答えてきた。

「その望みは、僕たちがかなえてあげるよ」

ノートパソコンの妖精《ようせい》さん

小川《おがわ》琴美《ことみ》は、机《つくえ》の上にあるノートパソコンの前で、じっと腕《うで》を組んだまま動かずにいた。

――いや、動けずにいた。

どうしても、小説の原稿《げんこう》が進まないのだ。

中学の文芸部が作っている部誌《ぶし》の原稿締《げんこうし》め切りまで、あと三日。それなのに、こうしてパソコンに向かって一時間以上のあいだ、たった数行の文章さえ書けずにいる。

(おかしいな……こういうことってなかったんだけど)

琴美《ことみ》は首をひねりながら、どんどん自分が焦《あせ》っていくのを感じていた。

少し前までは、小説のアイディアなんて天から降《ふ》ってくるように、いくらでも浮《う》かんできたのだ。そして書きはじめてしまえば、どんどん書けた。こんなふうに、パソコンのキーボードをたたく手が止まることなんて、今までなかった。

それがここ数か月、なぜか調子が出なかった。

書いているうちに、頭の中で動き始めてくれていたキャラクターたちがぱたっと動きを止めてしまう。動いてくれない。会話もしてくれない。すると、そのキャラクターの周りにある情景《じょうけい》まで、輪郭《りんかく》がぼやけてしまう。……これは、本格的《ほんかくてき》にやばい。

——今回は創部《そうぶ》五十周年記念号なので、絶対《ぜったい》に原稿《げんこう》を間にあわせること。もし原稿《げんこう》が締《し》め切りに間に合わなかった人は、次の号も掲載《けいさい》しないので、気をつけてください！

部長の光石明莉《みついしあかり》が、先週のミーティングで言っていたことを思い出した。

部誌《ぶし》の刊行《かんこう》は、年に二回。つまり三年生の琴美《ことみ》は、今回の原稿《げんこう》を間に合わせられないと卒業まで作品を発表できないことになってしまう。

それだけは、嫌《いや》だ。

琴美《ことみ》は腰《こし》を少し浮《う》かせて、椅子《いす》に深く座《すわ》り直した。背筋《せすじ》を伸《の》ばし、じっとパソコンの画面をみつめる。キーボードに手をのせる。なんとか、ストーリーをひねり出さなくては！

けれどもその日も結局、琴美《ことみ》は四行だけ書いて、そしてそれを全部消してしまった。そこから先の話が、まったく続かなかったのだ。

結局、一行も書けないまま、さらに二日がたっていた。

今日も自分の部屋のノートパソコンに向かう。やっぱり書けない。

パソコンの画面の右下にある時計は、午後十一時半を表示《ひょうじ》していた。

締《し》め切りは、明日のミーティングまで。けれども授業《じゅぎょう》中の教室でノートパソコンを開いているわけにもいかない。だから、実質的《じっしつてき》には今日の夜までに、あと四〇〇字詰原稿《づめげんこう》用紙で二十枚《まい》分を書かないといけない。

琴美《ことみ》はゴクリと、息をのんだ。

そしてスマートフォンを手に取り、部員どうしの連絡《れんらく》用に使っているメッセージアプリを開いた。手が震《ふる》える。

――ゴメン！　あと三日だけ待って!!

その一言を、部長の明莉《あかり》に送ればいいのだ。

……でも、できなかった。締《し》め切りをいつもきちんと守っている琴美《ことみ》には、たったその一通のメッセージを送るのが、とてつもなく悪いことのように思えた。

琴美《ことみ》はスマートフォンを、机《つくえ》の上に放り投げるように置いた。

もうダメだ。これで文芸部での活動は終わった。

そう思った、その時――

不思議なことが起こった。

パソコンの画面にどういうわけか、文字が次々に映《うつ》し出されていくのだ。

琴美《ことみ》はキーボードに触《ふ》れていない。故障《こしょう》、だろうか。あるいは、隣《となり》の部屋にいる姉がデスクトップのパソコンで使っているワイヤレス無線キーボードの電波が、自分のノートパソコンに届《とど》いてしまっているのだろうか。……でも、今までそんなことはなかったし、姉のキーボードと自分のノートパソコンをつなげる設定《せってい》なんてしていない。

琴美《ことみ》は、文字が踊《おど》るように書き込《こ》まれていく画面に、じっと見入った。

ただの文字の羅列《られつ》ではない。文章になっている。しかも、これは……小説だ！

それは、恋愛《れんあい》小説だった。

主人公の女の子が、ひそかに恋心《こいごころ》を抱《いだ》いている男子に告白される。

まるで自分が書きたかったことが、そのままパソコン画面に自然と入力されていくように思えた。

画面に表示《ひょうじ》されていく文章を追いかけていくと、わずか一時間足らずで作品は完成していた。

（……もう、いいや。これを明日、出しちゃおう！）

琴美《ことみ》はそう心の中でつぶやいて、ベッドにもぐりこんだ。

「小川《おがわ》さん、このあいだ部誌《ぶし》に載《の》せた小説、すごく良かったわよ」

一か月後。琴美《ことみ》は廊下《ろうか》で、文芸部顧問《こもん》の松本《まつもと》先生に声をかけられた。この学校に来て三年目の若《わか》い国語教師《きょうし》だ。

「ありがとうございます！」

琴美《ことみ》は満面の笑《え》みで返事をした。

「ちょっと、今までと書き方を変えた？ ……なんて言うか、ずいぶんとオトナっぽくなった気がするんだけど。文章が落ち着いて、読みやすくなったわ。それに、最後の告白シーンは、読者をすごくドキドキさせるように書いていたし」

「ふふふ。私には、『妖精《ようせい》さん』がついているんですよ」

「なに、それ？」

松本《まつもと》先生が、首をかしげる。琴美《ことみ》は胸《むね》を張《は》って、

「ネット上で私の小説を読んで、アドバイスをくれる人がいるんです」と、答えた。

もちろん、嘘《うそ》だった。

アドバイスではなく、勝手に文章を書いてくれる。琴美《ことみ》はそれを、『妖精《ようせい》さん』と呼《よ》んで

いた。

最近は、琴美《ことみ》がパソコンに向かっていなくても、夜寝《ね》て、朝起きると、勝手に小説ができあがっているようになった。その小説は、前の日に、こんなものが書けたら良いなあ……と、琴美《ことみ》が想像《そうぞう》していた話なのだ。そのため、琴美《ことみ》はまるで、自分がそれを書いたような気持ちになることができた。

それだけではない。琴美《ことみ》は半月前、前から好きだった同じクラスの豊川将輝《とよかわしょうき》から告白され、彼とつきあうことになった。それはまるで、自分がこのあいだ部誌《ぶし》に載《の》せた小説が、そのまま現実《げんじつ》になったかのようだった。

琴美《ことみ》はためしに、友達の陽菜《ひな》が入っている吹奏楽部《すいそうがくぶ》がコンクールで金賞を受賞する小説と、文化祭でやるクラスの出しものがメイド喫茶《きっさ》になる話を想像《そうぞう》してみた。すると、翌朝《よくあさ》にできあがっていた小説のとおりに、吹奏楽部《すいそうがくぶ》は創部《そうぶ》以来初めてコンクールで金賞を取り、十月にある文化祭ではクラスでメイド喫茶《きっさ》をやることになったのだ。

まさか……と思って、自分がテストで満点を取る小説を、『妖精《ようせい》さん』に書いてもらった。すると、本当に満点を取ることができた。

（これって、もしかして『妖精《ようせい》さん』がいれば、私は無敵《むてき》ってことじゃない!?）

琴美《ことみ》はだんだんと、そう思い始めるようになっていた。

＊　＊　＊

ある日の放課後。文芸部の部室で琴美《ことみ》が思わず目を見開くと、部長の明莉《あかり》はニヤリと笑ってうなずいた。

「……えっ、ホラー特集!?」

「そう。私、ずっとやってみたかったの」

「それは……さすがに趣味《しゅみ》に走りすぎじゃないかな」

「松本《まつもと》先生も実はホラー大好きだったの。良いって言ってくれたのよ。だって次が、中学校で最後の部誌《ぶし》になるんだもの。せっかくだから、大好きなことやってみたいじゃない」

「どうかな。他のみんなが反対するんじゃないかな」

「まあそうなったら、さすがに諦《あきら》めるわ」

明莉《あかり》はそう言っていたけれど、その日のミーティングでは、ホラー特集が部員の賛成《さんせい》多数で決まってしまった。

そのおかげで、琴美《ことみ》はずっと憂鬱《ゆううつ》だった。

帰宅《きたく》して自分の部屋に入ると、琴美《ことみ》はおそるおそるノートパソコンの画面を見た。

最近は、こうして電源《でんげん》を入れっぱなしにしておくと、昼夜かまわず小説ができている。だから、ずっと開いたままでいる。

……けれども、今日はまだ何も書かれていなかった。

琴美《ことみ》はホッと息を吐《は》いたが、すぐに唇《くちびる》を強くかみしめた。

今まで『妖精《ようせい》さん』に書いてもらったものは、その後で必ず小説と同じことが現実《げんじつ》で起こっているのだ。

だから、もしホラーを書いてもらったりしたら……。

そこまで考えて、琴美《ことみ》は慌《あわ》ててマウスを手に取った。そのまま画面の左下に矢印を持っていき、電源《でんげん》を切る。そうすれば、『妖精《ようせい》さん』が勝手にホラーを書くこともないはずだ。

（今回は『妖精《ようせい》さん』に頼《たよ》らないで、自分で書こう……）

琴美《ことみ》は自分自身にそう言い聞かせて、そっとパソコンの画面を閉《と》じた。

二か月がたった。琴美《ことみ》はまた、ノートパソコンの前でうなっていた。

……全然、書けない。

よく考えてみれば、ホラーなんて書いたことがなかったのだ。だから、どう書いたら良いのかわからない。

部誌《ぶし》の締《し》め切りは、明日。時計には十時半と表示《ひょうじ》されている。そして画面の中央には、真っ白な紙が表示《ひょうじ》されている。

（やっぱり、ホラーなんて無理だよ……）

琴美《ことみ》はそう思いながら、ため息を吐《つ》いてスマートフォンを手に取った。

メッセージアプリを開こうとする……その時――

パソコンの画面に、次々に文字が打ち込《こ》まれはじめた。

『妖精《ようせい》さん』だ！

琴美《ことみ》は慌《あわ》てて、画面に見入った。

――主人公は、中学生の女の子だった。彼女が自分の部屋でパソコンに向かって小説を書いていると、電気がチカチカと点滅《てんめつ》を始める。すると突然《とつぜん》、天井《てんじょう》の光が消え……

キャアアアアアアア――ッ！

琴美《ことみ》は叫《さけ》んだ。天井《てんじょう》の光が、点滅《てんめつ》を始めたのだ。

左右を見る。誰《だれ》もいない。

そうだ！　と、慌《あわ》ててマウスを手に取った。電源《でんげん》を切ってしまえば良いのだ。

ガクガクと手が震《ふる》えるのをこらえながら、画面の左端《ひだりはし》に矢印を持っていく。そして、窓《まど》のような形をしたボタンのところを押《お》し、「電源《でんげん》を切る」を選択《せんたく》した。

……が、パソコンの電源《でんげん》が切れない。

「な、なんで！　なんでよーっ‼」

琴美《ことみ》が叫《さけ》ぶ、天井《てんじょう》の電気が消えた。そうするうちにも、ものすごいスピードで画面上に文字が打ち込《こ》まれていく。

――暗くなった部屋。パソコンの画面に向かっていた女の子は、ギィィィと、部屋のドアが開く音に気がついた。すると、そこから連続殺人犯《さつじんはん》が入ってきて……

琴美《ことみ》はハッとして、背後《はいご》を振《ふ》り返った。

ゆっくりと、ドアが開き始める。そこにはパソコンに書かれた小説のとおり、血まみれになった金属《きんぞく》バットを持った男が一人、ニヤリと不気味な笑《え》みを浮《う》かべながら立っていた。

吹《すい》奏《そう》楽《がく》部《ぶ》の合宿

それは合宿でのできごとだった。

練習場の鍵《かぎ》をかけて宿の部屋に戻《もど》ったら、ハナがこっちに駆《か》け寄《よ》ってきて「トイレ！」と叫《さけ》んだ。

「ええっ、何？」わたしは唐突《とうとつ》な声かけに目を丸くする。

「ユミ先輩《せんぱい》っ、さっきまでトイレに行ってましたか？」そう問いかけてくる彼女の顔が近い。

「何、その質問《しつもん》」と、私は首を引く。

「いいから答えてください。トイレ。行ってましたよね？」

「行ってないよ。さっきまで練習場の施錠確認《せじょうかくにん》してたから」

私はハナのかつてない真剣《しんけん》なまなざしに圧倒《あっとう》されながら答えた。

どうしてトイレに行っていたかどうかなんてプライベートな質問《しつもん》に答えなければならないのか意味がわからない。けれど、ハナだけじゃなく、室内で固まって座《すわ》っている他の部員たちまで、私の返事に耳を傾《かたむ》けていた。「本当ですか？」と、やたらおびえた顔をして念まで押《お》してくる。

「ウソなんてつかないよ。ていうか、どうしたの？　流してなかったの？」

部員たちは何も答えず、落ち着かないようすで互《たが》いに顔を見合わせている。

最初はみんなでふざけているのかと思っていたけれど、ようやく私は彼女らが何かにおびえているんだ、ということに気がついた。私は表情《ひょうじょう》をあらためてハナの顔をのぞき込んだ。

「何があったの？」

ハナは私の腕《うで》にすがりながら「トイレの個室《こしつ》が一つ閉《し》まっていて、中からヘンな物音がするんです」と泣く。

「じゃあ、誰《だれ》か入っているんじゃないの？」

「誰《だれ》かって誰《だれ》ですか？　私たち、みんなここにいるじゃないですか！」

「！」

私にも、ようやく意味がわかった。大きな和室には十七人の部員がいて、その全員がこちらに顔を向けている。つまり、吹奏楽部《すいそうがくぶ》の部員は全員、今ここにいる。

では、トイレにいるのは誰《だれ》なのか？

「ね、宿の人ってことはないの？」

そう聞いてきたのは、同級生の梓《あずさ》だった。この宿は貸《か》し切りになっている。だから、たしかに私たち以外にトイレを利用する人がいるとしたら、本館にいる顧問《こもん》の井筒《いづつ》先生か、「宿の人」ということになるのだろう。けれど、この宿の従業員《じゅうぎょういん》は男性《だんせい》の主人しかいないし、私はさっき本館の受付にいたその彼に練習場の鍵《かぎ》を返してきたばっかりだ。

「ちょっと見てくる」と、私は言った。ここであれこれ考えていても、時間のムダだ。

「私も一緒《いっしょ》に行こうか」梓《あずさ》がヘッドホンを首から外して腰《こし》を上げる。

トイレのドアは、使われていない階段《かいだん》の物陰《ものかげ》にあった。周囲の壁《かべ》や床《ゆか》がキレイにはりかえられているので、その分トイレだけが浮《う》き出しているみたいに古く見える。廊下《ろうか》の明かりも届《とど》かず、とても暗い。

トイレの電気は消えていた。入ってすぐの壁《かべ》にあるスイッチをつけると、ハナが言ったとおり、三つある個室《こしつ》の真ん中のドアが閉《し》まっている。

「どうせ、ドアの調子が悪いとか、このトイレは壊《こわ》れてて使用禁止《きんし》とかでしょ」と、私。

けれど、言いながら気がついてしまった。

誰《だれ》かが中にいる！

息づかいが聞こえるわけでも、何かが見えたわけでもない。

なのに、ドアの向こうに何かがいる。それだけはハッキリとわかる。

個室《こしつ》のドアの下にあるすきまから、中をのぞいてみる。

電気はついているのに、どういうわけか真ん中の個室《こしつ》にだけ光が当たらないらしく、異常《いじょう》に暗くてよくわからなかったけれど、トイレに座《すわ》っていれば見えるはずの位置に、足はない。

やっぱり誰《だれ》もいないんじゃないか、と頭では思うのだが、どうしてもドアの向こうに誰《だれ》かいるような気がしてならない。

どん、どん！

いきなりドアから大きな音がして、私はギョッと顔を上げた。

梓《あずさ》がドアをノックしている。

「……誰《だれ》か、入っているんですか？」と梓《あずさ》。

返事はない。

代わりに、**ギイッ**、**ギイッ**、と規則《きそく》正しい音が天井《てんじょう》で鳴り、個室《こしつ》の床《ゆか》にボトボトとスリッパが落ちてきた。ドアの下のすきまをのぞいていた私が「え？」と言う間もなく、目の前に、青白い足の先が現《あらわ》れた。

宙《ちゅう》に浮《う》いている——のではなく、天井《てんじょう》からぶら下がっている。

その足が左右でバラバラに暴《あば》れ、それがだんだんおとなしくなり、やがてブラーンと揺《ゆ》れる。

私たちは悲鳴を上げながら部屋まで逃《に》げ出した。


翌朝《よくあさ》、部員全員であらためて行ってみると、昨夜見たのは何だったんだろうというくらい明るくてキレイなトイレになっており、真ん中の個室《こしつ》のドアも開いていた。

「やっぱり、心霊現象《しんれいげんしょう》だったんですよ」とハナが身体《からだ》を震《ふる》わせる。

いつもなら「バカバカしい」と鼻で笑うところだが、十時間くらい前、みんなのところへ転げながら逃《に》げ帰った身としては、ただ黙《だま》ってうなずくことしかできない。

「後で宿の人に聞いてみるから、とにかく練習しよう!」と、梓《あずさ》が手をたたいた。

合宿二日目、午前中のテーマは「倍音を意識《いしき》した音合わせ」だった。

井筒《いづつ》先生は「倍音っていうのは、みんなで均一《きんいつ》の音を出した時に感じられる一オクターブ上の反響音《はんきょうおん》よ」と、身振《みぶ》りを交えながら説明する。そんな彼女は、私たちが泊《と》まっている別館ではなく本館にいたので、昨夜の騒《さわ》ぎに気づかなかったらしい。

「大昔の人たちは、倍音が聞こえると『霊《れい》の声だ』なんて言ってたらしいわよ」

井筒《いづつ》先生はそう言うと、からかうような笑《え》みを浮《う》かべる。

練習の前、私と梓《あずさ》で例の「心霊現象《しんれいげんしょう》」について井筒《いづつ》先生に話したら、彼女は「それって集《しゅう》団幻覚《だんげんかく》なんじゃないの？」と両手を合わせて目を輝《かがや》かせた。

「ユミや梓《あずさ》が、そんな話をしに来るなんて意外！　もし、今晩《こんばん》も同じ現象《げんしょう》が起こるようだったら、私も呼《よ》んでね！」

生徒たちからの深刻《しんこく》な訴《うった》えを聞く教育者の態度《たいど》としていかがなものかと思われたが、夜になるまで待つ必要はなかった。

ヴァアアアアア――――ッ！

みんなでいっせいに楽器を鳴らした瞬間《しゅんかん》、ホールに反響《はんきょう》したのは一オクターブ上の音なんかじゃなく――おぞましい絶叫《ぜっきょう》だったのだから。


宿の主人は、目の横にキズ痕《あと》のある若《わか》い男性《だんせい》だった。

「僕も高校時代は吹奏楽部《すいそうがくぶ》にいて、そのころからこういう音楽のできる合宿所を営《いとな》んでみたいって思ってたんですよ」と話す彼は、昔からあったこの古民宿を親に買い取ってもらって、改築《かいちく》したのだという。

「だから、あんまり昔のことはくわしくはわからないんですけど、僕が買い取るよりも前、今、別館になっている建物で自殺した子がいたって聞いたことはあります。でも、幽霊《ゆうれい》が出るなんて聞いたことないなあ……」

「これまでは、別館って使ってなかったんですよね」と井筒《いづつ》先生が身を乗り出した。午前中のあの絶叫《ぜっきょう》のおかげ、というのもヘンな話だが、先生はかつてなく神妙《しんみょう》な面持《おもも》ちになっていた。

「ええ。特に理由はないんですけどね。でも、せっかく改築《かいちく》したんだから使わないともったいないかなって思いまして」

そう答えながら、宿の主人は表情《ひょうじょう》をあからさまに固くした。思いがけない質問《しつもん》を投げかけられてとまどっている、というのとは違《ちが》う、もっと深刻《しんこく》な変化のように感じた。

「いかにも『親がお金持ちです』っていう顔だったね。何でも思いどおりにならないと気が済《す》まないタイプとみた」と、別館へ戻《もど》る途中《とちゅう》、梓《あずさ》がボソッとつぶやいた。

なるほど、そういうふうにも見えるか。と、私は感心した。

「ユミ先輩《せんぱい》」

その夜。何とか眠《ねむ》りに落ちかけていた私を呼《よ》ぶ無神経《むしんけい》な声が耳元で聞こえた。

「先輩《せんぱい》。私、トイレに行きたいんですけど」

目を開けると、至近距離《しきんきょり》にハナがいる。

「勝手に行ってくればいいじゃない」

「私、一人では怖《こわ》いです」

「二人でだって怖《こわ》いでしょ」と、私。しかし放っておくとまた「先輩《せんぱい》、冷たいです！」みたいなのが始まって面倒《めんどう》くさいので、「しょうがないなあ」と身体《からだ》を起こした。

そこで、私は「ひっ」と息をのんだ。

ハナの脇《わき》で寝《ね》ている女子。

私は、その子に見覚えがなかった。

その見知らぬ子が、突然《とつぜん》目を開いた。血走った、大きな目だった。

「えっ、誰《だれ》……？」とハナも、その子を振《ふ》り返って青ざめている。

「あなたたち、何？」と固い声を出す。

その言葉は私たちにかけられたものではなく、いつのまにか部屋の入口に立っていた見覚えのない男女数人に向けられたものだった。

「お前が先生に告げ口したせいで、由希《ゆき》は停学《ていがく》になるし、公演《こうえん》だって中止になったんだからな！」と、そのうちの一人が叫《さけ》ぶ。

「私のせいじゃないわ！　第一、由希《ゆき》が私にイジワルするのを、あなたたちが止めてくれていたら、中止なんてヒドいことにはならなかったのに！」

「うるさい！　引退公演《いんたいこうえん》が中止になったのは由希《ゆき》のせいじゃないし、私たちのせいでもない！　アンタが悪いのよ！」別の女がわめいた。涙《なみだ》で、髪《かみ》が顔にはりついている。

最初に叫《さけ》んだ男が、その子に襲《おそ》いかかった。「謝《あやま》れよ！　お前、謝《あやま》れよ！」と、女の子の首に手をかけながら激《はげ》しく揺《ゆ》すった。

女の子が、もがく。その爪《つめ》の先が、男の目の横をかすめる。

「痛《いて》え！」ボタボタと男の血が布団《ふとん》にしたたる。そんな自分の血を見て、男の目つきが変わった。「この野郎！」と、ますます激しく女の子の首を絞《し》めあげた。すると――。

ボクンッ。

にぶい音が女の子の胸元《むなもと》で響《ひび》き、彼女の首がありえない方向に垂《た》れ下がった。

「え!?」と男が彼女の首を離《はな》す。彼女の身体《からだ》が無抵抗《むていこう》に倒《たお》れた。

「ヤバい……ヤバい！」と取り乱《みだ》す男。その横で数人の女子が「ぎゃああ」と悲鳴をあげる。

「どうしたの⁉」

部屋の電気がついた。

入口に井筒《いづつ》先生が立っていて、死んでしまった子も、数人の男女も、部屋から消えていた。

泣きわめいているのは、私たち吹奏楽部《すいそうがくぶ》の部員だけだった。

今見たのは、幽霊《ゆうれい》だったのだろうか、それとも、集団幻覚《しゅうだんげんかく》なのか——？

「トイレ！　もうダメ！　もれちゃう！」

その時、恐怖《きょうふ》と涙《なみだ》で顔をグチャグチャにしながらハナが生理的な欲求《よっきゅう》を訴《うった》えた。


私はハナを連れてトイレに行くことにした。先生もついてくる。

階段《かいだん》の裏《うら》にあるトイレは、昨夜同様、妙に古く見えた。電気をつけると予想したとおり真ん中の個室《こしつ》が閉《し》まっていて、その床にスリッパが二つ落ちていた。青いつま先がユラリユラリと揺《ゆ》れている。

正直、めちゃくちゃ怖《こわ》かった。だけど、たしかめたいことがあった。

「あなたは、自殺したんじゃない」と、私は個室《こしつ》に向かって言った。

その言葉を待っていたかのように、個室《こしつ》のドアが**ギイイイイイッ**と開いていく。

――やっぱり、そうだったんだ。

「本当は、……あの人に殺されたんだね」

宿の主人。彼には目の横にキズがあった。

さっき、見知らぬ女の子の首を絞《し》めていた人も、そこから血を流していた。

私の横で、ハナが短く叫《さけ》び声をあげた。

首をつった女の子が、おかしな角度で顔をこちらに向けている。

ザラザラした声で「**あいつから、逃《に》げて！**」と叫《さけ》ぶ。

ぐるん、と白目になり、その目尻《めじり》や口から黒々とした血がドロドロとこぼれる。

「**あいつ、あいつから逃《に》げられたら、私のお母さんに、本当のことを伝えて……！**」

「あいつから、逃《に》げる？」問い返す井筒《いづつ》先生の背後《はいご》で、ガチャリと鍵《かぎ》のかかる音。

「もう……七年もたったのに……まだ、ダメなのかよ……！」

振《ふ》り返ると、閉《と》ざされた別館の玄関《げんかん》に、縄《なわ》と斧《おの》をぶら下げた宿の主人がヌラリと立っていた。

生え変わり

その髪《かみ》の毛が落ちているのを見るようになったのは三か月くらい前からだった。

それは三十センチほどの長くきれいな黒髪《くろかみ》。でも、私の髪《かみ》はショートボブで、お母さんはウェーブのかかった茶髪《ちゃぱつ》、弟やお父さんにいたってはスポーツ刈《が》り――つまり、家族の誰《だれ》のものでもない髪《かみ》の毛ということになる。

髪《かみ》の毛を見つけるのはベッドやテーブルの上、洋服ダンスの中に本のすきまと場所はいろいろで、なぜか私の部屋以外では落ちているのを見たことがない。これが一本、二本なら学校でくっついてきたんだろうと不思議に思わないけど、毎日のように十本、二十本も見つけるのはちょっと普通《ふつう》じゃない。

髪《かみ》が人の一部なのだと考えると気持ちが悪いことこの上ないけど、掃除《そうじ》が大変なこと以外に実害はないので、私はあまり気にしないように努めていた。

でもある時、そうは言っていられない事態《じたい》になってしまったのだ。

「なにこれ……」

日曜日の朝、寝癖《ねぐせ》を直そうと寝《ね》ぼけ眼《まなこ》で洗面所《せんめんじょ》に行った私は、自分の目を疑《うたが》った。

鏡の中の私は、髪《かみ》がショートボブからストレートのロングへと変わっていた。

一晩《ばん》で伸《の》びる量じゃないし、なにより髪質《かみしつ》がまったく違《ちが》う。自分のくせっ毛と硬《かた》い髪質《かみしつ》が嫌《いや》でショートにしたのに……シャンプーのCMで見るようなつややかでさらさらの髪《かみ》になっている。引っ張《ば》るとちゃんと痛《いた》いので、自分の頭から生えているのは間違《まちが》いなかった。

キッチンのほうから、「梨伽《りか》ぁー」と私を呼《よ》ぶお母さんの声が聞こえてきた。

「はーい」と返しながら自分の部屋に走って戻《もど》ると床《ゆか》に這《は》いつくばり、カーペットに絡《から》みついている一本を拾う。その両端《りょうはし》をつまんで、目の前でまっすぐにピンと伸《の》ばし、

「うん……やっぱりそうだ」と、うなずいた。

部屋に落ちている髪《かみ》の毛と、私から新しく生えてきた髪《かみ》の毛は同じものだ。

……何が起きているんだろう。ただただ困惑《こんわく》していると、部屋の扉《とびら》がガチャリと開いた。

「もう、片《かた》づかないから早く朝ごはん食べちゃって——」

部屋に入ってきたお母さんは、私を見ると表情《ひょうじょう》をこわばらせた。

「あ、お母さん、あのね――」

私が近づくと、お母さんは「ヒィッ!」と大きな悲鳴をあげて後ずさった。

「おい、どうした?」

ドタドタと足音を立ててお父さんもやってきた。

お母さんは目を大きく見開き、私を見て「カヨコ?」と呼《よ》んだ。

＊　＊　＊

井上《いのうえ》カヨコはお母さんの高校時代の同級生だった。

すらりとしたスタイルの色白美人で、勉強も学年トップのまさに才色兼備《さいしょくけんび》。

どことなく彼女には近づきがたい雰囲気《ふんいき》が漂《ただよ》っていて、いつも一人で鏡を見ながらていねいに髪《かみ》をとかしていた。そんな姿《すがた》が「お高くとまっている」と見えたのだろう。クラスの女子たちは遠巻《とおま》きにして彼女に冷ややかな視線《しせん》を送り、陰《かげ》でこそこそと悪口を言っていた。

お母さんはクラスメートたちのそんな陰湿《いんしつ》な態度《たいど》がとても嫌《いや》だったみたいで、ある日の休み時間、髪《かみ》をとかしているカヨコの後ろから、そっと話しかけてみた。

「井上《いのうえ》さんの髪《かみ》、とてもきれいね」

急に声をかけられた彼女は戸惑《とまど》うような表情《ひょうじょう》を見せた。周りのクラスメートたちから嫌《いや》な視線《しせん》を感じていたけれど、お母さんはお構《かま》いなしに話しかけた。

「ごめんね、驚《おどろ》かせちゃって。しゃべったことなかったよね。私のこと知ってる？」

「うん、もちろん、あの……横田《よこた》さん、横田由香里《よこたゆかり》さんだよね」

「ふふ、横井《よこい》だよ」お母さんが笑うとカヨコは慌《あわ》てて、

「えっ？　あっ、ご、ごめんなさい！」と顔を真《ま》っ赤《か》にした。

「いいのいいの。あのね、私いつも、井上《いのうえ》さんが髪《かみ》をとかしてるの見てて、きれいでいいなあって思ってたんだ。ほら、私ってくせっ毛でしょ。寝癖《ねぐせ》も直んないし、最悪の髪《かみ》だよ」

「そんなことないよ。横井《よこい》さんの髪《かみ》、かわいいと思うよ。私は……自分の身体《からだ》で好きなところは髪《かみ》の毛ぐらいしかないから、それだけは大切にしてるの」

「えーっ、顔も頭も、何もかも完璧《かんぺき》なのに」

「ううん、小学生のころは背《せ》が高いから巨人《きょじん》って言われてたし、顔色も悪いからゾンビみたいだって、いつも嫌《いや》なことばかり言われてた。自分の容姿《ようし》が本当に嫌《きら》いだったの」

話してみると、カヨコはクラスのみんなが感じている印象とはまるで違《ちが》ってとても接《せっ》しやすく、穏《おだ》やかで優《やさ》しい性格《せいかく》の子だった。気が弱く、極度の恥《は》ずかしがり屋のようで、クラス

メートと話したくても自分から話しかけることができなかったのだという。

お母さんは毎日カヨコに話しかけ、少しずつクラスメートの輪に彼女を誘《さそ》うようにした。カヨコの本当の性格《せいかく》を知ったクラスメートは自分たちのしていたことを恥《は》じて反省し、本人にちゃんと謝《あやま》って、それからは彼女を仲間として受け入れてくれた。

今まで沈黙《ちんもく》していた男子たちにも変化が現《あらわ》れた。もともとカヨコは男子から密《ひそ》かにモテていたのだけれど、男子たちは彼女のまとう雰囲気《ふんいき》に勝手に圧倒《あっとう》されていたうえ、女子たちの視線《しせん》を気にしていたので話しかけづらかったらしい。調子がいいもので、カヨコへの風向きが変わった途端《とたん》、積極的にお近づきになろうとする男子が増《ふ》え、他所《よそ》のクラスや他の学年からアピールにくる生徒もいた。そんな男子に言い寄《よ》られて顔を真《ま》っ赤《か》にしてうつむいているカヨコを、クラスの女子一同で守っているという光景も見られた。

ある時、カヨコはお母さんに改まって伝えてきた。

「ありがとう、由香里《ゆかり》」

「え？　何よ、いきなり」

「毎日、学校が楽しいの。それがとてもうれしい。みんな由香里《ゆかり》のおかげだよ」

「よ、よしてよ。カヨコはもともと、人気者になれる素質《そしつ》があったんだって」

「……ねえ、由香里《ゆかり》、もし私が死んだら……私の髪《かみ》は由香里《ゆかり》にあげるね」

「は？　ちょ、ちょっと、なに言いだすのよ、やめてよ、急に変なこと言うの」

「ごめん、ごめん。それくらい、由香里《ゆかり》には感謝《かんしゃ》してるって言いたかったの」

「びっくりするじゃない。感謝《かんしゃ》してるっていうなら、私にいい美容法《びようほう》でも教えてよ」

カヨコはうれしそうに大きくうなずいた。


カヨコが恋《こい》をしていることを知ったのは、高校二年の修学《しゅうがく》旅行の夜だった。

消灯後、枕《まくら》越《ご》しにみんなが顔をつきあわせ、「バスケ部の斎藤《さいとう》くんが～」「バイト先の先輩《せんぱい》が～」と恋愛《れんあい》トークが始まると、

「カヨコは今、好きな人はいないの？」とみんなが彼女の恋愛事情《れんあいじじょう》に興味《きょうみ》を持ちだした。

突然《とつぜん》モジモジしだしたので、カヨコの好きな相手は身近な人物じゃないかと、みんなさらに追及《ついきゅう》を続けると、最終的にカヨコはクラスメートの男子の名前を小声で告げた。スポーツや勉強で目立ったところはないけれど、とても優《やさ》しい性格《せいかく》の男子で、「いいんじゃない？」と女子からの評価《ひょうか》も悪くなかった。

「一年生の時からずっと片思《かたおも》いしてるの。彼のそばを通っただけで緊張《きんちょう》して息ができなく

なっちゃう」

そう言うとカヨコは恥《は》ずかしくなったのか、もぞもぞと布団《ふとん》に潜《もぐ》り込《こ》んでしまった。

「ねえ、カヨコの恋《こい》、みんなで応援《おうえん》してあげない？」

そんな提案《ていあん》を誰《だれ》かがしたので、「いいね」「くっつけちゃおう」とみんなで盛《も》り上がると、

「やめてやめて、彼に迷惑《めいわく》かけちゃうよ」と、慌《あわ》ててカヨコが布団《ふとん》から飛び出てきた。

「なーに言ってんの。カヨコに好きって言われて迷惑《めいわく》な男がいるわけないでしょ」

枕《まくら》に顔をうずめて「ううー」とうなるカヨコをかわいいと思ったお母さんは、彼女の恋《こい》を成就《じょうじゅ》させてあげたくなって、応援《おうえん》隊長になろうと心に決めた。

まず、お母さんは相手の好みのタイプをそれとなくリサーチした。するとなんと、きれいな髪《かみ》の子がタイプだということがわかった。カヨコなら文句《もんく》なしだ。

彼の誕生日《たんじょうび》が近いことがわかると渡《わた》すプレゼントを一緒《いっしょ》に買いに行き、プレゼントとともに渡《わた》すラブレターの文面も二人で考えた。いよいよカヨコに告白の意志が固まると、お母さんは相手の男子に約束をとりつけ、その時間と場所のセッティングもしてあげた。

お母さんはまるで自分のことのようにドキドキしていた。

運命の告白の日。

この日のカヨコは、期待と不安で浮足立《うきあし》っていたのか、朝から落ち着きがなかった。理科の授業中《じゅぎょう》に扱《あつか》っていたアルコールランプをうっかりテーブルに落として割《わ》ってしまい、飛び散ったメタノールを浴びてしまった。

カヨコの胸《むね》から上が一瞬《いっしゅん》で火に包まれた。すぐにみんなが火を消したけど、彼女の大切にしていた髪《かみ》はほとんどが焼け焦《こ》げ、あんなに美しかった顔にも大きな火傷《やけど》を負ってしまった。

カヨコは保健室《ほけんしつ》へ運ばれたが、救急車が到着《とうちゃく》した時にはもう姿《すがた》を消していた。一時間後、学校に警察《けいさつ》からカヨコが事故《じこ》にあったと連絡《れんらく》があった。

学校付近の道をふらふらとした足取りで歩いていたカヨコは、交差点を左折してきた車にはねられて近くのフェンスに激突《げきとつ》した。即死《そくし》だった。目撃者《もくげきしゃ》の証言《しょうげん》では、事故《じこ》が起きた時は歩行者側の信号は赤だったという。

＊　＊　＊

「カヨコは本当に……本当にかわいそうな子だった」

リビングにお母さんのおえつが響《ひび》く。お父さんも悲痛《ひつう》な面持《おもも》ちをしている。

「……しかし、驚《おどろ》いたよ。本当に一瞬《いっしゅん》だが、俺にも梨伽《りか》が井上《いのうえ》さんに見えたから」

お父さんは、お母さんの高校時代の同級生。

そして、井上《いのうえ》カヨコが片思《かたおも》いしていた男子生徒だった。

「お父さんはどうしてお母さんとつきあったの？　お母さんは井上《いのうえ》さんの親友だったんだよね？」

「ん？　ああ……あのころの母さんはさ、自分のことよりも井上《いのうえ》さんのことばかりで、彼女が無視《むし》されていた時も周りの目も気にせず、いつも一緒《いっしょ》にいてあげて……いい子だなって思ったんだよ。井上《いのうえ》さんが死んでしまった後は、すごく落ち込《こ》んでさ。理科室の件《けん》も、そばにいたのに助けてあげられなかったって自分を責《せ》めるんだ。あれは事故《じこ》なのにさ」

お母さんを慰《なぐさ》めているうちに、二人の距離《きょり》が縮《ちぢ》まった――そういうことのようだ。

当時のことを思い出しているのか、お母さんの涙《なみだ》は止まらない。

「しかし、梨伽《りか》のこの髪《かみ》は……不思議なことってあるもんだな」

「カヨコは私に髪《かみ》をくれるって言ってた。きっと私には間に合わなかったから、梨伽《りか》にくれたのかもしれないわね」

ありがとうね、カヨコ――お母さんは泣きながら私に微笑《ほほえ》みかけた。

「お母さん、ひとつ補足《ほそく》してもいいかな」

「……補足《ほそく》って、なあに？」

「理科室のことだけどね、井上《いのうえ》さんの持ったアルコールランプ、なんか変だったんじゃない？　たとえば、容器《ようき》の外側にぬるぬるしたものがついていて、すべりやすかったとかさ」

途端《とたん》にお母さんの顔が青ざめ、震《ふる》える視線《しせん》を私に向ける。

ああ、わかる、わかるよ。お母さんの心の声が聞こえてくる。

――もしかして、あなたは、あなたは……カヨコなの？　ってね。

違《ちが》うよ、お母さん。安心して。私はまだ、梨伽《りか》だよ。でも、これからゆっくり時間をかけて、私は変わっていくんだって。頭の中でね、あの人の声がそう言ってるの。

何年も時間をかけて、どんどん背《せ》が伸《の》びて、肌《はだ》も白くなっていって――。

完全に井上《いのうえ》カヨコになるの。

その時が来たら、今度こそ本当のことを話してよ、お母さん。

うつぼ箱

「人に似《に》せて作られたのに命を持っていない人形は、時に人を恨《うら》んで悪さをするんだ」

子どもの時、祖父《そふ》の仕事部屋で遊んでいたのがばれた際《さい》に言われた言葉だ。

祖父《そふ》は人形師《にんぎょうし》をしていた。人形師《にんぎょうし》とは人形を作ることを仕事にする人で、祖父《そふ》は工芸品としての市松《いちまつ》人形作りを得意としていた。そんな祖父《そふ》の部屋は人形の衣装《いしょう》や手足がずらりと並《なら》び、当時の私にはまるでオモチャ屋のように見えていた。だから人形が悪さをするとか、私が勝手に入らないように脅《おど》した作り話だと、中学生になってからは思っていたのだが。

先月に祖父《そふ》が病気で亡《な》くなって、集まった親戚《しんせき》で仕事部屋の整理していたら——困《こま》ったことに『人に悪さをしたので箱に閉《と》じ込《こ》める、開けるべからず』という注意書きの貼《は》られた、人形が入っているらしい箱が出てきてしまった。

白いジグザグの紙がついたしめ縄《なわ》のような麻紐《あさひも》で縛《しば》られた、おせち料理を入れる重箱ぐらいの大きさの黒塗《くろぬ》りの箱が、親戚《しんせき》一同がそろった部屋のテーブルに置かれる。

箱に添《そ》えられた祖父《そふ》の手紙によると、なんでもこの箱の中の人形は勝手に動いては祖父《そふ》に危害《きがい》を加え、家の外に逃《に》げていこうとしたらしい。自分が作った人形だから自分が悪さをされるのはしかたがないとしても、人様には迷惑《めいわく》はかけられない。けれども作ったてまえ、壊《こわ》してしまうのもしのびなく、祖父《そふ》はやむなくこの箱の中に人形を閉《と》じ込《こ》めたのだそうだ。

そんないわくのある不気味な箱を前にし、親戚《しんせき》の誰《だれ》もが眉《まゆ》をひそめる。しかし私だけは

「本当に人形が動いて悪さするのなら、一度それを見てみたい」と胸《むね》を高鳴らせていた。

「ねえ、この箱さ。私がもらっちゃってもいいかな」

箱を遠巻《とおま》きにする親戚《しんせき》を押《お》しのけ、私はちゃんと中身が入っているのか振《ふ》って確認《かくにん》する。

「……千尋《ちひろ》ちゃん、本気？　そんな気味の悪い箱をもらってどうするの？」

「だって中の人形が本当に勝手に動くなら、他のどの人形よりも価値《かち》があるでしょ？」

親戚《しんせき》一同があきれて顔を見合わせる中、こうして箱は私のものとなった。

口にこそしなかったが、あからさまにイヤそうな顔をした両親と私は箱を抱《かか》えて家に帰り、自分の部屋に入るとさっそく開けてみることにした。

あまりに紐《ひも》の結び目が固いのでハサミで切ろうかとも思ったが、なんとかほどいて、それからどんな人形が出てくるのか期待に胸《むね》おどらせながらフタを取ると——、

『その昔、罪人《ざいにん》はうつぼ舟《ぶね》に閉《と》じ込《こ》められ海に流された。もしこの人形がどうしようもなく悪事を働いて困《こま》るなら、しめ縄《なわ》でこのうつぼ箱に閉《と》じ込《こ》めたまま川に流してやってほしい』

という祖父《そふ》の手書きの和紙が最初に出てきて、その下に一体の人形が横たわっていた。

大きさは三〇センチぐらいでおかっぱ頭、白く丸い顔に目の細い和風の顔立ちで、赤い着物を着ている。おそらく祖父《そふ》が作った市松人形《いちまつにんぎょう》だ。

「……これが、人に悪さを働く人形？」

試しに手に取ってまじまじと観察してみるも、別に普通《ふつう》の人形と変わりはない。

はっきり言って、拍子抜《ひょうしぬ》けだった。もっとわかりやすくバラバラに髪《かみ》が伸《の》びていたり、顔が怒《おこ》っていたりと、おどろおどろしい人形を想像《そうぞう》していたのに、少しがっかりした。

「やっぱり、人形が勝手に出歩いたりするわけないか」

祖父《そふ》は仕事に集中しだすと、部屋に閉《と》じこもって出てこないこともたまにあった。人形ばかりに囲まれたあんな部屋でずっと仕事をしていれば、一体や二体ぐらい勝手に動いているなんて妄想《もうそう》を抱《いだ》くようになっても不思議はないのかもしれない。

一気に興味《きょうみ》がなくなった私は人形を箱に戻《もど》してフタをする。空いていた本棚《ほんだな》のすき間へと箱を置き、そのままお風呂《ふろ》に入ろうと部屋を出ようとしたところ、

『そうだよ、人形が勝手に動くわけがないじゃない』

ドアを開けて廊下《ろうか》に出かけていた私の背後《はいご》から、幼《おさな》い女の子の声が聞こえた。

ぴたりと足を止め、目を丸くしながら、がばりと振《ふ》り向く。

でも部屋には私以外に誰《だれ》もいない——いるわけがない。

私はすぐに部屋の中に戻《もど》ると、本棚《ほんだな》に置いたままのうつぼ箱のフタを開けた。

箱の中には、しまった時と同じ姿勢《しせい》でぴくりともしていない人形が横たわっている。

「……やっぱり聞き間違《まちが》いかぁ」

しばらく見ていても人形が動く気配はない。

お風呂《ふろ》からあがった時には、人形の詰《つ》まった箱を本棚《ほんだな》に置いたことすらもう忘《わす》れていた。


その次の日から、私の部屋ではちょっとずつ不思議なことが起こり始めた。

中学校から帰ってきて部屋に入ると、消したはずの電気が点《つ》いている、椅子《いす》の向きが逆《ぎゃく》になっている、カバンにしまったはずの教科書が机《つくえ》の上に散らかっている、などなど。

何かがおかしい。まるで留守中《るすちゅう》に誰《だれ》かが部屋でいたずらをしているような……でも、どれもこれもが私の勘違《かんちが》いや思い違《ちが》いで片《かた》づけられる程度《ていど》のことでもあった。

だから妙《みょう》だなとは思いつつもあまり気にしないで、その夜も普通《ふつう》に布団《ふとん》に入ったのだが。

真夜中に目を覚ました私は、本棚《ほんだな》のすき間に納《おさ》まった――首だけの少女と目が合った。

あまりのことに、私の時間が止まる。

ニヤリと少女の口元がゆがむと、それがスイッチとなり私は悲鳴を上げて照明を点《つ》けた。

同時にカタンと音がし、明るくなった時にはもう本棚《ほんだな》の中に少女の首はなかった。

「……な、なによ……今のは、なんなのよ………」

ベッドから跳《は》ね起きた私は、すぐに本棚《ほんだな》を確認《かくにん》する。

するとそこにあったのは、置いたことすら半《なか》ば忘《わす》れていた――うつぼ箱だった。

触《さわ》っていないのにフタが少しずれているのを見て、思わずごくりと唾《つば》を飲む。

まさか、さっきの首って――浮《う》かんだ想像《そうぞう》に呼吸《こきゅう》を荒《あら》くし、私は箱のフタに手を伸《の》ばした。

一瞬《いっしゅん》、冷蔵庫《れいぞうこ》か冷凍庫《れいとうこ》でも開けたのかと思った。それぐらいに冷たい空気が、フタを外した箱の中からふき出てきて、私の指をなでながら部屋の床《ゆか》に広がっていく。

箱の中の人形は、しまった時と同じ姿勢《しせい》のまま指一本動いてはいない。

でも心なしか人形の唇《くちびる》は真っすぐ引き結ばれているように見え、その様はまるで必死に笑いをこらえているように感じ、私は反射的《はんしゃてき》にバタンと乱暴《らんぼう》に箱のフタを閉《と》じる。

すぐに机《つくえ》の上にあったテープで、箱とフタをぐるぐる巻《ま》きにする。

小さな人形が動くのなら見てみたいとは思ったが、さすがにあれは想定外だ。人形の姿《すがた》ではなく、少女の姿《すがた》で箱から這《は》い出てきて部屋の中を歩かれたら、たまったものじゃない。

「いくらなんでもこれで出てこれないでしょ」

力を入れてもフタが開かないのを確認《かくにん》し、私は押《お》し入れの奥《おく》にうつぼ箱を投げ入れる。週末になったら祖父《そふ》の家にこの箱を返しに行こう——そう考えていたら、

『——ひどいよ、これじゃ外に出れないよ。ここを開けてよ』

押《お》し入れの戸を閉《し》めるなり中から女の子の声がして、一瞬《いっしゅん》で全身が粟立《あわだ》った。

そのまま振《ふ》り向きもせず私はベッドに飛び込《こ》むと、震《ふる》えながら布団《ふとん》を頭から被《かぶ》る。

「あ、開けるわけがないでしょ！　箱の中でそのままじっとしてなさいよっ‼」

その日は怖《こわ》くて怖《こわ》くて、もう朝まで眠《ねむ》ることはできなかった。


翌日《よくじつ》から部屋の中の悪戯《いたずら》はおさまった。

でも自分の部屋なのにどうしても落ち着かない、どこからともなく視線《しせん》を感じる。

本棚《ほんだな》の間から、机《つくえ》の陰《かげ》から、ベッドの下から——実は箱から抜《ぬ》け出した人形がそこに潜《ひそ》ん

でいて、おびえる私を見て笑っているんじゃないか。そんな想像《そうぞう》が頭から離《はな》れない。

あの晩《ばん》から胸《むね》がザワザワしてたまらない私は数日後、とうとう寝《ね》る前にちゃんと押《お》し入れの中のうつぼ箱にフタがされているか確認《かくにん》することにした。

箱を見るのは怖《こわ》くてたまらないが、でも箱を確認《かくにん》しないままなのも怖《こわ》くてたまらない。

だから逃《に》げ出したくなるのを我慢《がまん》して、私は一気に押《お》し入れの戸を開け放った。

瞬間《しゅんかん》——刃《やいば》が下に向いた彫刻刀《ちょうこくとう》が、戸の上のすき間から何本もいっせいに降《ふ》ってきた。

ドスドスドスっと音をたて、フローリングの床《ゆか》に突《つ》き立った彫刻刀《ちょうこくとう》を前に顔が青ざめる。

もう少し前に立っていたら足の指がなくなっていたかもしれない、そう思ってゾッとしていると——チッ、と悪意のこもった舌打《したう》ちが押《お》し入れの奥《おく》から聞こえた。

私の奥歯《おくば》が勝手にガチガチと音を鳴らす。そもそもこの彫刻刀《ちょうこくとう》は机《つくえ》の中にしまっていたはずだ。それなのにどうして、押《お》し入れの戸の上から落ちてくるのか……。

『ねぇ、早くここから出してよ。これじゃ、外に出られないよぉ』

押《お》し入れの奥《おく》に転がったうつぼ箱から、哀《あわ》れみを誘《さそ》う少女の声がする。何重にも箱に巻《ま》きつけていたテープは、ものすごい力で引《ひ》っ張《ぱ》られたかのように引き千切《ちぎ》れていた。

……やっぱり外に出ていたのだ。おまけにこの人形は閉《と》じ込《こ》められたふりをして、さらに私をだまし続けようとしている。

「あんたなんか……外に、出すわけないでしょ。ずっと閉《と》じ込《こ》められてなさいよ……」

ずる賢《がしこ》い人形の考えにゾクリとしながらも、私は声を返しつつポケットをまさぐる。

取り出したのは、最初に箱を縛《しば》り人形を閉《と》じ込《こ》めていた、しめ縄《なわ》のような麻《あさ》の紐《ひも》だった。

こうなったら祖父《そふ》からの添《そ》え書きにあったように、この紐《ひも》でもう一度箱を縛《しば》って中に閉《と》じ込《こ》め、そのまま川へと流して捨《す》ててやる。

『そんなこと言わないでさぁ、この箱から出してよぉ』

「そ、そうね……もう悪さをしないのなら、考えてあげてもいいわよ……」

人形に気取《けど》られないよう適当《てきとう》な返事をしつつ、今にも内側からフタが開くかもしれないうつぼ箱にそっと手を伸《の》ばし――そして、麻紐《あさひも》を強引に箱へと巻《ま》きつけた。

『**やめろぉぉぉっっっ!!**』

さっきまでの少女の声とはまるで違《ちが》う、野太い声とともに跳《は》ねるようにフタが中から開こうとする。私の目からは恐怖《きょうふ》で涙《なみだ》があふれ出すが、それでも必死になって麻紐《あさひも》で箱をぐるぐる巻《ま》きにし、指に紐《ひも》が食い込《こ》むほど強く引き絞《しぼ》った固い結び目を作った。

結んでからも、苦しそうなうめき声とともに、箱は独《ひと》りでにガタガタと揺《ゆ》れ続けている。

私は恐怖心《きょうふしん》を押《お》し殺し、手近にあったスクールバッグに箱を放り込《こ》むとチャックをしっかりと閉《し》め、肩《かた》にかけてから玄関《げんかん》を飛び出した。そのまま自転車に乗って、親に行き先も告げずに家から一番近い川に向かって夜の道を全速力でこぎ出す。

バッグの布越《ぬのご》しに人形が暴《あば》れている気配を感じ、下唇《したくちびる》を噛《か》んでおぞましさに耐《た》える。

ようやく川べりにたどり着いた私は、自転車を乗り捨《す》てて堤防《ていぼう》を駆《か》け下りた。走りながらもチャックを開け、観念したように静かになったうつぼ箱を取りだす。

そして川岸に立つと、ザーと流れる川の中へと全力でうつぼ箱を投げ捨《す》てた。

遠くでぼちゃんと音がして、街灯《がいとう》の光を受けながらも真っ暗な川面《かわも》に浮《う》かんできた箱が、ゆっくりと川下へと向かって流れていくのが見えた。

「やったぁ……ざまぁみろ……」

大きな大きなため息を吐《は》きつつ、安心して力の抜《ぬ》けた私がその場で尻《しり》もちをつくと、

『――ねぇ、ここから出してよ』

肩《かた》にかけたままのカバンの中身が、いきなりずんと重くなった。

「…………えっ？」

座《すわ》り込《こ》んだ私の手が、地面の上に落ちていた細長い何かに触《ふ》れる。手に取ってみると、そ

れは箱を縛《しば》っていたはずの麻紐《あさひも》だった。きつく結び過《す》ぎたからだろうか、紐《ひも》は結び目を残したまま途中《とちゅう》でぷつりと切れていた。――つまり箱のフタは、縛《しば》られていなかったのだ。

だとしたら、今流れていったあの箱の中は――、

『箱に閉《と》じ込《こ》めて川に流そうとするとか――私を作ったおじいさんの孫だけあって、ほんとにひどいことをするよね』

チャックが開いたままのバッグの中にぴったり納《おさ》まっていた少女の顔が、ぬらぬらした目をギロリと動かし私をにらみ、ニヤリとうれしそうに口元をゆがめる。

同時に夜の河原《かわら》にのどが裂《さ》けそうなほどの悲鳴を響《ひび》かせ、私はそのまま気を失っていた。

うつぼ――とは、古い言葉で〝空洞《くうどう》〟をさすのだと、私は後から知った。

目を覚ました私のバッグの中には、もう人形は入っていなかった。

でも箱もバッグも、中にしまう空間があるものはみんな、うつぼ――うつぼ箱となる。

あの日以来、私は空洞《くうどう》が怖《こわ》い。だってひょっとしたら、そこには人形が潜《ひそ》んでいるかもしれないのだから――ほら、今だってどこからか声が聞こえる気がする。

『――ねぇ、ここから出してよ』

日記

岩村耀真《いわむらようま》はマイコン同好会の会長である。だが「同好会」といっても、所属《しょぞく》しているのは耀真《ようま》一人。なので今日も、部活を選ぶ新入生たちにチラシを配っている。

「マイコンってなんですか？」

チラシを受け取った後輩《こうはい》がたずねてきた。聞かれ慣《な》れているので、すらすらと答えられる。

「パソコンでプログラミングしたり、インターネットの活用のしかたを勉強する部活だよ。昔はパソコンのことをマイクロコンピュータ、略《りゃく》してマイコンと呼《よ》んでたから、その名残《なごり》だね。ロックやポップスのことを今では軽音楽なんて言わないのに、いまだに軽音楽部があるのと同じかな。君、もしかしてパソコンとか興味《きょうみ》ある？　だったら――」

「いえ、別に。そういうんじゃないんで」

相手は興味《きょうみ》なさそうなようすで、さっさと立ち去ってしまった。所要時間、数十秒。こうやって断《ことわ》られてばかりで、滑《なめ》らかに説明することだけが上達してしまっている耀真《ようま》だった。

「今じゃスマホで何でもできるからなあ」

顧問《こもん》になってくれている坂本《さかもと》先生は、そう言って残念そうにした。

「そうですね。でもきっと、いつか同じパソコン好きの人に出会えると思います」

耀真《ようま》はそう答えた。悲観することはないと思う。他の高校にもマイコン部なりパソコン部なりは結構《けっこう》あるし、いろいろな技術《ぎじゅつ》を競う全国大会だって存在《そんざい》する。きっと誰《だれ》かいる。

「とりあえず、今日も部室の片《かた》づけをします」

「あの部屋荒《あ》れ放題だし、一人じゃ大変だろ。ぼちぼち頑張《がんば》れよ」

励《はげ》ましの言葉とともに、坂本《さかもと》先生は鍵《かぎ》を渡《わた》してくれた。


マイコン同好会は、同好会なのに部室がある。なぜかと言うと、はるか昔にマイコン「部」が存在《そんざい》していたからだ。ずっと前に部は消滅《しょうめつ》し、部室だけが残っているのである。なくなった理由はわからないが——当時のことを知る人が先生を含《ふく》めて誰《だれ》もいないのだ——おそらくは部員がいなくなったのだろう。ＰＣ趣味《しゅみ》は、いつの時代もマニア向けなはずだ。

鍵《かぎ》を開けて、部室に入る。部室は、さまざまなものが雑然《ざつぜん》と散らかっている。昔のＰＣ雑《ざっ》誌《し》や機材、漫画《まんが》、段《だん》ボールの山、諸々《もろもろ》のごみなどがほこりまみれになっているのだ。

高二の春に決意し、マイコン同好会を立ち上げてから一週間以上たつが、やっていることといえばこの部屋の掃除《そうじ》ばかりである。まったく、いつになれば終わることやら。

しかし、考えてみれば不思議だ。どうして、こんなにも散らかったままなのだろう。廃部《はいぶ》になるなら廃部《はいぶ》になるで、最後に片《かた》づけくらいしそうなものなのだが——

「——ん？」

ふと、耀真《ようま》は雑誌《ざっし》が詰《つ》まった段《だん》ボールの中に、見慣《みな》れないものがあることに気づいた。透《とう》明《めい》のプラスチックケースの中にディスクが入っている。これは、何だろう？

「ああ、これはMOディスクだよ。なつかしいな」

職員室《しょくいんしつ》に戻《もど》って先生に見せると、先生は表情《ひょうじょう》を緩《ゆる》めた。

「まあ、CD-RとかUSBメモリの先祖《せんぞ》だな。データを記録するためのものだよ」

「なるほど」

「フロッピーディスクと一緒《いっしょ》で、廃《すた》れちゃったけどな。耐久性《たいきゅうせい》はHDD《ハードディスク》とかより高いんだぜ」

先生の話に、耀真《ようま》は興味津々《きょうみしんしん》で耳を傾《かたむ》ける。こんなものがあったなんて、知らなかった。

マイコン同好会会長として、ちゃんと勉強したい。

「使うことってできますか？」

耀真《ようま》がそうたずねると、先生は腕《うで》を組んだ。

「たしか、うちにドライブがあったはずだけどなあ。帰ったら探《さが》してみるわ」

「ありがとうございます」

お礼を言ってから、ふと耀真《ようま》はもう一つ疑問《ぎもん》を思い出した。

「そう言えば、どうしてあの部室ってずっとあのままなんですか？」

先生は首をかしげた。

「よく知らないな。まあ、少子化で教室も余《あま》ってるしな。『開かずの教室』って、どこの学校にもあるもんだよ」

片《かた》づけはそこそこで中断《ちゅうだん》し、耀真《ようま》は家に帰った。自分の部屋に入り、ＰＣを立ち上げる。日記を書くのだ。それこそスマホでもできるが、ＰＣが好きなのでＰＣで書いているのだ。

２０××年　４月19日

今日も掃除《そうじ》。ＭＯディスクっていうものを発見した。昔の道具らしい。

簡単《かんたん》な日記だが、まあこんなものだろう。MOディスクの中身を見たら詳《くわ》しく書こう。

次の日。耀真《ようま》は部室の机《つくえ》の上を片《かた》づけ、古いノートPCとMOディスクを読み込《こ》むためのドライブを置いた。どちらも、先生が持ってきてくれたものだ。

ドライブをPCに接続《せつぞく》し、ディスクを読み込《こ》ませる。部屋中に響《ひび》くのは、なんだか壊《こわ》れそうな動作音。大丈夫《だいじょうぶ》かなと心配したけれど、どうにかディスクの中身が画面に表示《ひょうじ》された。

ディスクに記録されていたのは、「日記」という名前の文章《テキスト》ファイルだった。耀真《ようま》は思わず微笑《ほほえ》んでしまう。昔にも、耀真《ようま》と同じようなことをしていた人がいたらしい。

ファイルを開こうとして、少し耀真《ようま》はためらう。今はもうここにいない人とはいえ、他人が書いた日記である。勝手に読むのはちょっと気が引ける。

しばらく迷《まよ》ってから、耀真《ようま》は読むことに決めた。やっぱり、興味《きょうみ》がある。

１９××年　５月15日

今日もだるかった。学校生活とかいうくだらないものは俺に全然向いてない。どうして、一日の半分を授業《じゅぎょう》なんて無駄《むだ》なことに使わないといけないのか。

日記は、そんなふうに始まっていた。初っぱなから感情《かんじょう》だだ漏《も》れの愚痴《ぐち》が並《なら》べられていて、いかにも他人に見られることをまったく考えずに書かれた感じがする。

１９××年　5月16日

俺が落ち着けるのは、ここに一人でいる時だ。授業《じゅぎょう》にはいい加減《かげん》本当に飽《あ》き飽《あ》きだ。ネットのほうがよっぽど楽しい。クラスのバカたちはインターネットが何かも知らないが。

１９××年　5月17日

マイコン部が俺一人で、本当によかった。ここではバカに付き合う必要がない。

日記をつづっている「俺」は、やはりマイコン部の先輩《せんぱい》らしかった。どうもやたらとプライドが高いらしく、周りを見下すような言い方が目につく。ちょっとイヤな人だ。直接《ちょくせつ》会っても、友達にはなれなさそうだ。

１９××年　6月6日

体育の時間、田部《たべ》が俺を笑い者にしやがったので、後の授業《じゅぎょう》をサボる。実に不愉快《ふゆかい》だ。バカのくせに偉《えら》そうにしやがって。ちょっと運動神経《しんけい》がいいからって調子に乗るな。

１９××年　7月5日

今日も授業《じゅぎょう》には行かない。意味がない。猿《さる》どもと同じ部屋にいるのが苦痛《くつう》。

どうも学校には来ても教室にはいかない、保健室に登校しているような感じだったようだ。

この性格《せいかく》のせいで、クラスにも全然馴染《なじ》めていなかったのだろう。

1９××年　７月12日

担任《たんにん》が頼《たの》みもしないのに面談をしてきた。俺が授業《じゅぎょう》に行かなくなった原因《げんいん》を話したら、「プライドが高すぎるんじゃないか。田部《たべ》も悪気《わるぎ》があったわけじゃないよ」と言ってきた。バカにしやがって。俺が悪いんじゃない。

1９××年　９月３日

夏休みが終わり、学校が始まった。クソクラスメートたちの顔も見たくない。クソ担《たん》任《にん》の声も聞きたくない。イライラして体調が悪い。

日を追うごとに、日記を書いている「俺」の精神《せいしん》は安定を失っていった。

1９××年　10月３日

田部《たべ》が俺のことをバカにしたような目で見てきたので、ケンカをした。後ろからイスで殴《なぐ》ってやったんだ。あの野郎《やろう》は腕力《わんりょく》はあるから、これで公平だ。なのに担任《たんにん》は俺ばかり怒《おこ》りやがった。田部《たべ》と同じ目でバカにして来やがった。

1９××年　10月13日

最近の趣味《しゅみ》→田部《たべ》や担任《たんにん》が苦しんで死ぬことを想像《そうぞう》することだ。楽しい。二人とも、目が爆発《ばくはつ》して死ぬんだ。俺のことをバカにした目で見た罰《ばつ》を受けるんだ。

耀真《ようま》は読みだしたことを後悔《こうかい》し始めていた。気持ちが重くなる。心の闇《やみ》を、そのまま見せつけられているかのようだ。日記を書いた「俺」は、この部屋でゆがんだ自尊心《じそんしん》と憎《にく》しみを育てては、MOディスクに注ぎ込《こ》んでいたようだ。

19××年　9月13日

担任《たんにん》の野郎《やろう》、来いというから来てやってるのに、えらそうに説教しやがって。「こんな部屋で、死んだようにして過《す》ごすのか？」なんてことを言いやがった。

19××年　10月1日

だから、本当に死んでやった。

唐突《とうとつ》な展開《てんかい》に、思わず耀真《ようま》は手を止めた。もしや、日記の「俺」は自殺したのか？

そう考えかけてから、慌《あわ》てて否定《ひてい》する。そんなはずがない。死んだ人間が、「死んでやった」と日記を書けるはずがない。

実際《じっさい》、その日以降《いこう》も更新《こうしん》は続いている。

19××年　11月6日

担任《たんにん》が来た。随分とやつれてるじゃないか。掃除《そうじ》に来たらしい。想像《そうぞう》を現実《げんじつ》にしてやる。

19××年　12月5日
田部《たべ》が来た。俺のことなど忘《わす》れて彼女といちゃつきに来たらしい。想像《そうぞう》を現実《げんじつ》にしてやる。

想像《そうぞう》。少し前に、書かれていた内容《ないよう》が蘇《よみがえ》る。目が爆発《ばくはつ》するとか、なんとかいう話だったはずだ。ばからしい——笑おうとして、なぜか耀真《ようま》は失敗した。

19××年　1月22日
誰《だれ》も来なくなった。ここに来ると死ぬという噂《うわさ》が広まったようだ。

そんなくだりが、この部屋の荒《あ》れたようすといやに結びついたからだ。噂《うわさ》を恐《おそ》れて誰《だれ》も近《ちか》寄《よ》らなくなり、生徒や教員が入れ変わり続けるうちに、噂《うわさ》ごとその存在《そんざい》さえ忘《わす》れ去られたのではないか——そんな気がしたのだ。根拠《こんきょ》はない。しかし、妙《みょう》に真実味があるように思える。

日記はその次の週も、次の月も、次の年も続いていた。

19××年　6月4日
平和だ。

19××年　10月5日
落ち着く。

内容《ないよう》は、ひどく単調だった。それまでのドロドロした文章と正反対だ。何か、空恐《そらおそ》ろしい。「想像《そうぞう》を現実《げんじつ》にした」ことで心が抜《ぬ》け落ち、別の存在《そんざい》になってしまったかのようだ。

何年も何年も、日記は続く。五年、十年。卒業するはずの年をはるかに過《す》ぎても、まだ続く。

明らかにおかしい。誰《だれ》かが書き継《つ》いだのだろうか。いや、それもない。なぜなら——

20××年　6月22日

今日も静かだ。


——耀真《ようま》が入学した去年にも、更新《こうしん》はされている。耀真《ようま》が入学したころにマイコン部はなかった。部屋だって荒《あ》れ放題だった。この日記を更新《こうしん》する人間は誰《だれ》もいない。その、はずだ。

ひどくいやな予感がして、耀真《ようま》はファイルをスクロールするのを止めた。これ以上読んではいけない。何か、よくないことが起こりそうな気がする。

日記ファイルを閉《と》じようとする。しかし、ノートPCが操作《そうさ》を受けつけない。電源《でんげん》を切ろうとして電源《でんげん》ボタンを押《お》し続けるが、終了《しゅうりょう》させられない。

テキストファイルが、スクロールを再開《さいかい》する。耀真《ようま》は目を見開いた。触《さわ》ってもいないのに、どうしてだろう——

20××年　4月11日

なんだお前は！

突然《とつぜん》、日記の雰囲気《ふんいき》が変わった。それまで続いていた淡々《たんたん》とした内容《ないよう》が嘘《うそ》のように、再《ふたた》び感情《かんじょう》を——憎悪《ぞうお》をむき出しにしたのだ。

耀真《ようま》は恐怖《きょうふ》にすくみ上がる。その日は、今年の４月11日は、耀真《ようま》が初めてこの部室を訪《おとず》れた日じゃないか！

２０××年　４月12日

誰《だれ》だ。何をしに来た。

２０××年　４月13日

やめろ、部屋に触《さわ》るな。

２０××年　４月17日

もう許《ゆる》せない。殺す。

日記に踊《おど》るのは、身の毛もよだつような文字。

２０××年　４月18日

殺す。殺す。殺す。

２０××年　４月19日

殺す。殺す。殺す。殺す。殺す。殺す。殺す。殺す。殺す。殺す。殺す。

文字列が画面を埋《う》め尽《つ》くし、無限《むげん》にスクロールを続ける。目を背《そむ》けようとするが、できない。まばたきすることも、できない。モニターにあふれかえる殺意に、むりやり釘《くぎ》づけにされてしまう。

文字をつうじて、目をとおして、殺意が流れ込《こ》んでくる。殺意は、凄《すさ》まじい痛《いた》みを巻《ま》き起こした。マッチの火を直接押《ちょくせつお》しつけられたような、激《はげ》しい苦痛《くつう》だ。

うめきながら、耀真《ようま》は理解《りかい》する。ここにいるのは、耀真《ようま》の目を焼いているのは、日記を書いていた人ではない。彼の幽霊《ゆうれい》でさえない。彼が内側にため込《こ》み、煮《に》えたぎらせていた憎悪《ぞうお》そのものだ。彼が自殺したことで彼の中から解《と》き放たれ、この部屋に染《し》みつき、近づくものの命を奪《うば》っているのだ――

20××年　5月8日
しばらくは騒《さわ》がしかったが、また静かになった。噂《うわさ》が広まったようだ。
20××年　10月9日
今日も平和だ。

エンゼルアプリ

――このアプリでは、絶対《ぜったい》に女の子どうし、男の子どうしでは撮《と》らないでね。

スマホアプリの説明書きを読んで、松坂真尋《まつざかまひろ》は首をかしげた。

ネット上で噂《うわさ》になっている、写真用アプリの「エンゼルアプリ」。ついにこれを手に入れることができたのだ。

ユーザー評価《ひょうか》ではほとんどの人が、★五つの満点をつけている。そのわけは、このアプリを使って撮影《さつえい》した男女は、必ずつきあうことになるというものだった。

けれどもなぜか、アプリストアでどんなに検索《けんさく》をしても出てこない。

どうやら検索《けんさく》には特別なやり方があって、その条件《じょうけん》を満たさないとダウンロードができない。おまけにダウンロードの方法は、誰《だれ》かが一度手に入れると変わってしまうらしい。

そのためネットで噂《うわさ》を聞いた人たちは、なんとかしてダウンロードしようと、みんな必死になって探《さが》していた。

（……なるほど、カップルを作るアプリだから、同性《どうせい》で撮《と》っちゃいけないってことか）

真尋《まひろ》はそう考えて、やっぱり納得《なっとく》できなかった。

今どき、女の子が女の子を好きになったり、男の子が男の子を好きになったりすることだって認《みと》められているはずだ。それは、おかしいというのだろうか。


「えーっ、ホントにいいの⁉」

数日後。

二年四組の教室で、新崎実里《しんざきみのり》が、声を張《は》り上げた。

「ちょっと、実里《みのり》！」

声を殺すようにして真尋《まひろ》が言うと、

「……ゴメン」と、実里《みのり》は慌《あわ》てて口をつぐんだ。

真尋《まひろ》と同じ女子バスケ部に所属《しょぞく》している実里《みのり》は、男子バスケ部の中里翔哉《なかさとしょうや》のことが好きなのだ。けれども翔哉《しょうや》は、バレー部の川口愛梨《かわぐちあいり》のことが好きだというのが、もっぱらの噂《うわさ》だった。だから、実里《みのり》はなかなか翔哉《しょうや》に告白することができずにいた。

そこで、真尋《まひろ》が手に入れたエンゼルアプリで、実里《みのり》と翔哉《しょうや》を撮《と》ってみようということになった。その日の部活の後、真尋《まひろ》は翔哉《しょうや》に声をかけた。

「ねえ、翔哉《しょうや》。ちょっとスマホで写真撮《と》っていい？」

もちろん翔哉《しょうや》には、それがどういうアプリなのかは話さなかった。

女子のあいだで流行《はや》っている、写真を加工するアプリ。そう説明した。

「ああ、別に良いけど……」

翔哉《しょうや》は特に気にするようすもなく、実里《みのり》と一緒《いっしょ》に一枚《まい》の画像《がぞう》に収《おさ》まった。Tシャツの上に、部活で使っていた黄色いビブスをつけたまま、並《なら》んで笑っている。

「ありがとう。じゃあね」

「えっ？　見せてくれるんじゃないの？」

「ああ。家で加工するから、明日にでも見せるよ」

そう言って真尋《まひろ》は誤魔化《ごまか》し、結局、画像《がぞう》は見せなかった。

――やったー！　翔哉《しょうや》くんとつきあうことになったよ。真尋《まひろ》のおかげ!!

実里《みのり》からそんなメッセージが真尋《まひろ》のスマホに届《とど》いたのは、次の日曜日のことだった。告白をしたら、あっさりＯＫをしてくれたのだという。

（このアプリ、やっぱり本物だったのかな……）

そうは思ったものの、実里《みのり》と翔哉《しょうや》がつきあうことになっただけでは、真尋《まひろ》は信じられなかった。

もしかしたらたまたま両想《りょうおも》いで、翔哉《しょうや》も実里《みのり》のことが好きだったというのを知らなかっただけなのかもしれない。翔哉《しょうや》がバレー部の川口愛梨《かわぐちあいり》のことが好きだというのも、ただの噂《うわさ》でしか聞いたことがなかったのだ。

そこで真尋《まひろ》は、それからクラスの友達で何人も試《ため》してみた。

好きな男子がいるという女子を捕《つか》まえては、その男子との写真を撮《と》る。

すると、クラスの女子たちには、次から次へとカレシができていった。写真で撮《と》った二人が、全員もれなくつきあうことになったのだ。

なんだか良いことをしたような気がして、真尋《まひろ》のほうでも気分が良かった。

けれども――

「真尋《まひろ》は、誰《だれ》かと撮《と》ったりしないの？」

実里《みのり》にそう聞かれて、真尋《まひろ》は困《こま》った。

好きな人が、いないわけじゃない。でも……。

「ねえ、松坂《まつざか》。ちょっといい？」

部活が終わったところで女子バスケ部の部長・椎名智恵理《しいなちえり》から声をかけられたのは、アプリを手に入れてから一週間後のことだった。

三年生の智恵理《ちえり》は背《せ》が高くて黒い髪《かみ》を短く切っており、下級生の女子たちには憧《あこが》れの的だ。

真尋《まひろ》もそんな女子の一人だった。

下手《へた》な男子よりも、絶対《ぜったい》にカッコいい。

子どもっぽい同学年の男子なんかとつきあうくらいなら、むしろ智恵理先輩《ちえりせんぱい》とお近づきになりたい。

そう思っていた。

いつもであれば、智恵理《ちえり》は部活の事務連絡《じむれんらく》くらいでしか、声をかけてこないのだ。

だから真尋《まひろ》は緊張《きんちょう》して、

「はいっ！　な、なんでしょうか⁉」と、思わず声が上ずってしまった。

「ちょっと話したいことがあるの。着替《きが》えと片《かた》づけが終わったら、時計塔《とけいとう》のところに来てくれない？」

「は、はい！　わかりました」

真尋《まひろ》が大きな声で返事をすると、バスケットボールのコートの反対側で、実里《みのり》がこちらに笑顔《えがお》を向けてピースしているのが見えた。

真尋《まひろ》は胸《むね》をドキドキさせて、薄暗《うすぐら》いグラウンドを横切った。時計塔《とけいとう》はそのいちばん奥《おく》にあるため、夕方を過《す》ぎると周囲に人影《ひとかげ》はない。

五分ほどたつと、智恵理《ちえり》がやってきた。

「ゴメン、待った？」

「いえ、私もさっき来たところですから」

真尋《まひろ》は早口に返事をした。

それからしばらく、二人はバスケ部のことを話していた。やがて二人の話題が途切《とぎ》れたとき、智恵理《ちえり》は意を決した表情《ひょうじょう》で言った。

「……ねえ、松坂《まつざか》。お願いがあるんだけど」

「なんでしょうか？」

「あの、さ。新崎《しんざき》から聞いたの。ちょっと不思議なアプリ、持ってるんでしょ？」

「は、はい」と返事をする。

「ねえねえ。だったら、二人で撮《と》ってみない？　おもしろそうじゃない」

「部長、実里《みのり》から何か聞きました？」

これがどういうアプリなのか、智恵理《ちえり》は知っているのだろうか。真尋《まひろ》は夕暮《ゆうぐ》れの光の中、智恵理《ちえり》の真意を探《さぐ》るようにじっと彼女をみつめた。

「ううん。別に、なんか不思議でおもしろいらしい、ってことだけだよ」

「……そうですか」

「でもさあ、私っていつも、二人だけで写真撮《と》るみたいな女の子っぽいことしないじゃない。だから、みんなが見ているところで松坂《まつざか》に頼《たの》むの、なんか気が引けちゃうんだよね」

智恵理《ちえり》は、照れ臭《くさ》そうに笑った。

なるほど、それで自分はここに呼《よ》び出されたのか。それに、どうりでさっき実里《みのり》が、自分に向かってピースしていたはずだ。自分が部長の智恵理《ちえり》に憧《あこが》れていることを知っているのは、実里《みのり》だけなのだ。

（いつもカッコいいけど、智恵理先輩《ちえりせんぱい》もやっぱり女の子なんだなあ……）

真尋《まひろ》はそんなことを思いながら、ふと、アプリの説明書きを思い出した。

――このアプリでは、絶対《ぜったい》に女の子どうし、男の子どうしでは撮《と》らないでね。

女の子どうしで撮《と》ったところで、何があるというのだろう。

カップルを作るアプリ。

それなら、女の子どうしでつきあいたければ、女の子どうしで撮《と》ればいいじゃないか。

「じゃあ、一緒《いっしょ》に撮《と》りましょうか！」

真尋《まひろ》はひときわ大きな声で返事をした。

アプリを立ち上げ、薄暗《うすぐら》いのでフラッシュを設定《せってい》する。

二人で体を寄《よ》せ、腕《うで》を思いっきり伸《の》ばして、ボタンを押《お》した。

写真は、よく撮《と》れていた。

「へえ、真尋《まひろ》ちゃんのスマホ、すごくきれいに撮《と》れるんだね」

智恵理《ちえり》は、感心したように声を出した。

自分の呼《よ》び方が、「松坂《まつざか》」から「真尋《まひろ》ちゃん」に変わっている。

それだけで、真尋《まひろ》はうれしかった。

翌朝《よくあさ》。異変《いへん》が起きていることに気がついたのは、目を覚ましてすぐだった。

なんだか腕《うで》が筋肉質《きんにくしつ》で硬《かた》くなっている。鏡を見ると、うっすらとあごにひげが生えていた。

そして……胸《むね》がなくなっている！　しかも下着の下には……。

ようやく、真尋《まひろ》は気がついた。体が男子になっていたのだ。


えーっっっっっ！


真尋《まひろ》は思わず、洗面台《せんめんだい》の前で大きな声を張《は》り上げた。

学校を休むわけにはいかないので、しかたなく真尋《まひろ》は登校した。不思議なことに、部屋にあった制服《せいふく》は、いつの間にかすべて男子のものになっていた。

学校に着くまで、真尋《まひろ》は落ち着かなかった。ずっとキョロキョロと左右を見渡《みわた》し、誰《だれ》かが自分の異変《いへん》に気がついていないか探《さぐ》っていた。

……けれども、誰《だれ》も自分のことなど気にしていなかった。

学校に着いても、まるでずっと前から真尋《まひろ》が男子だったかのように、クラスメートは接《せっ》してくる。

「なあ、真尋《まひろ》。今日の部活だけどさあ……」と、中里翔哉《なかざとしょうや》が声をかけてきた。

どうやら、男子バスケ部の所属《しょぞく》ということになってしまっているらしい。

やっぱりみんな、自分が女子だったことを忘《わす》れてしまったのだろうか。

そうは思ったけれど、一人だけ、真尋《まひろ》の異変《いへん》に気づいていた。

——ねえ、真尋《まひろ》。今日の昼休み、ちょっと時計塔《とけいとう》のところに来てくれない？

メッセージを送ってきたのは、智恵理《ちえり》だった。

昼休み。時計塔《とけいとう》のところで会ってみると、智恵理《ちえり》は言った。

「私、男の子ってちょっと苦手なんだ。だから……ゴメンね。もう、話しかけてこないで」

智恵理《ちえり》は申し訳《わけ》なさそうに言って体をひるがえし、グラウンドを走っていってしまった。

彼女の背中《せなか》をぼんやりと見送りながら、真尋《まひろ》はアプリの説明書きを立ち上げた。

いつの間にか、その説明書きには二ページ目ができていた。

……たしか、最初にダウンロードした時には、こんなページはなかったはずだ。

真尋《まひろ》は慌《あわ》てて、その二ページ目をタップした。そこには、こう書かれていた。

——このアプリは、女の子と男の子のカップルを作るものだよ。女の子どうしや、男の子どうしで写真を撮《と》ると、強制的《きょうせいてき》に女の子と男の子のカップルになるから。気をつけようね。

真尋《まひろ》は思わず、スマホを地面にたたきつけた。

マンガのつづき

宇田川《うだがわ》さんが死んだ。

彼女は生きていたとき時からヘンな子だったけれど、死にかたもヘンだったらしい。誰《だれ》も詳《くわ》しいことを教えてくれないから、どんなふうに死んだのか知らないけれど。

担任《たんにん》の先生が宇田川《うだがわ》さんの死を伝えると、クラスに気まずい空気が流れた。仲間がいなくなったんだから、それは当たり前なんだけど、みんなが気まずく感じる理由は他にもある。

「宇田姫《うだひめ》」という名前を、どこで誰《だれ》が見つけてきたのか、私は知らない。けれど、とあるマンガ投稿《とうこう》サイトにそういうハンドルネームの人がいて、毎週水曜日になるとオリジナルのマンガをアップしていた。

この「宇田姫《うだひめ》」、名前が示《しめ》すように、宇田川《うだがわ》さんだった。いや、本当に宇田川《うだがわ》さんが「宇《う》田姫《だひめ》」だったのかどうか、誰《だれ》も知らない。けれど、更新《こうしん》されていくマンガの主人公は、どう見たって美化された宇田川《うだがわ》さんだったし、舞台《ぶたい》の学校は明らかに私たちの高校だった。絵だって、宇田川《うだがわ》さんが授業中《じゅぎょう》いつもノートに描《か》いていたラクガキと同じものだった。

インターネット上でマンガを発表していたこと自体が問題だったんじゃなかった。マズかったのは、その内容《ないよう》だ。宇田姫《うだひめ》のマンガの中で、主人公（つまり美化された宇田川《うだがわ》さん）は恋《こい》をしていた。相手は、私たちのクラスの秋山《あきやま》くんにしか見えない男子だった。というか、秋山《あきやま》くんという名前のキャラクターだった。

「アイツ、マジありえない！」と、宇田川《うだがわ》さんにも聞こえるような声で文句《もんく》を言っていたのは、梨枝《りえ》だった。梨枝《りえ》は、ことあるごとに宇田川《うだがわ》さんへキツく当たっていた。梨枝《りえ》に言わせると「秋山《あきやま》くんは果穂《かほ》とつきあっているのに、（マンガ内とはいえ）秋山《あきやま》くんを好きだっていうのは果穂《かほ》に失礼じゃん！」ということらしい。

「果穂《かほ》も黙《だま》ってないで、文句《もんく》を言ったほうがいいよ」

梨枝《りえ》はそう私に忠告してくるのだが、私としては、マンガの中で秋山《あきやま》くんに恋心《こいごころ》を抱《いだ》く宇《う》田姫《だひめ》よりも、こういうことを言ってくる梨枝《りえ》のほうが迷惑《めいわく》だった。

しかし、クラスでは梨枝《りえ》の考えのほうが支持《しじ》されているらしく、宇田川《うだがわ》さんは、たぶん、クラスに居《い》づらかっただろうと思う。

宇田姫《うだひめ》のことがクラスから学年中に知れ渡《わた》っていき、投稿《とうこう》サイトのコメントにも不穏《ふおん》なものが見られるようになった。そんな中、宇田川《うだがわ》さんは死んでしまった。

だから、私たちは宇田川《うだがわ》さんが死んでしまったことについて軽々しく口にしないようになった。もっと言えば、記憶《きおく》から消そうとしていた。だけど、宇田川《うだがわ》さんについて触《ふ》れないようにすればするほど、私たちの中で彼女の存在《そんざい》がどんどん大きくなる気がした。

彼女の死から数日たった……そう、水曜日のことだった。

「こっ、更新《こうしん》されてる！」

クラスの陰山《かげやま》くんが授業中《じゅぎょうちゅう》、いきなりスマホを片手《かたて》に立ち上がって叫《さけ》んだ。

もちろん、陰山《かげやま》くんはすぐ先生にスマホを没収《ぼっしゅう》されてひどくしかられていたけれど、私たちの中で、彼を笑う人はいなかった。彼が何を言っているのか、わかってしまったからだ。

昼休みに、投稿《とうこう》されたマンガを読んだ。

陰山《かげやま》くんの言うとおり、宇田姫《うだひめ》のページは更新《こうしん》されていた。

……告白の末、宇田姫《うだひめ》はついに秋山《あきやま》くんとつきあうことになった。幸せを感じる宇田姫《うだひめ》だったが、ひとつだけ気になることがあった。「秋山《あきやま》くんは、果穂《かほ》とつきあっている」という噂《うわさ》だ。宇田姫《うだひめ》はそのことが気になってしかたないのだが、秋山《あきやま》くんは「くだらないデマだな」と笑いながら否定《ひてい》する。けれど、そんなある日、宇田姫《うだひめ》は雑貨店《ざっかてん》で山下果穂《やましたかほ》と手をつないで笑い合っている秋山《あきやま》くんを目撃《もくげき》してしまう。絶望《ぜつぼう》する宇田姫《うだひめ》……。

読みながら「おかしい」って思った。

宇田川《うだがわ》さんが生きていた時と死んでしまった後で、マンガのタッチは変わっていない。ということは、宇田姫《うだひめ》は宇田川《うだがわ》さんじゃなかったということだ。だけど、それだとつじつまが合わないのだ。というのも、今回のマンガで描《えが》かれているように、私は秋山《あきやま》くんと駅前の雑《ざっ》貨店《かてん》で買い物をしたことがあるし、その時に宇田川《うだがわ》さんとバッタリ会った。だけど、その他の人には会わなかった。でも、だとしたら……。

このマンガは、誰《だれ》が描《か》いているんだ？

そこに、体育館でバスケットボール部の自主練をしていた秋山《あきやま》くんが帰ってきた。

「あれ？　みんな集まってどうしたの？」と、目を丸くしている。

「秋山《あきやま》。お前、宇田姫《うだひめ》……じゃなくて宇田川《うだがわ》とつきあってたの？」と陰山《かげやま》くん。

「誰《だれ》が言ってんだ、そんなこと。くだらないデマだな」

秋山《あきやま》くんは笑った。明らかに表情《ひょうじょう》が引きつっていた。

次の水曜日。マンガの中でも宇田川《うだがわ》さんが死んだ。

「嘘《うそ》つきの秋山《あきやま》くんも、イジワルばっかり言う梨枝《りえ》も、それを許《ゆる》していたクラスのみんなも、学校も、絶対《ぜったい》に許《ゆる》さない！　呪《のろ》ってやる！」そう叫《さけ》びながら。

「ねえ、誰《だれ》が描《か》いているの？　これ」と梨《り》枝《え》が机《つくえ》をたたいて立ち上がった。

教室のみんなが顔を見合わせていた。彼女の問いに答えられる人は、いない。

「わかっているの？　こんなことをして、冗談《じょうだん》じゃすまされないわよ！」

そんなふうに怒《いか》りをあらわにしていた梨《り》枝《え》が学校を休み始めたのは、翌週《よくしゅう》の月曜日からだった。誰《だれ》も座《すわ》っていない梨《り》枝《え》の席を見ながら、私は梨《り》枝《え》が怒《おこ》っていた時のことを思い出していた。彼女の唇《くちびる》は青白くなっていた。あの不気味なマンガの中で名指しされていたのだから、無理もない。私は「気にすることないよ」と梨《り》枝《え》のスマホにメッセージを送った。けれど、その日も、次の日も、そのメッセージに「既《き》読《どく》」のマークはつかなかった。


水曜日。マンガの中で、梨《り》枝《え》が薄汚《うすよご》れた床《ゆか》に倒《たお》れていた。

ぴちょん、という水の音で、梨《り》枝《え》は意《い》識《しき》を取り戻《もど》した。

「ここ、どこ？」

上体を起こした梨《り》枝《え》は、周囲を見回す。大きな建物の内側に、鉄製《てつせい》の階段《かいだん》がのびている。その脇《わき》には同じ形をした機械が四列に並《なら》んでいて、そのすべてにホコリが積もっていた。

「町外れの廃工場《はいこうじょう》だ」と、一緒《いっしょ》に画面をのぞき込《こ》んでいた秋山《あきやま》くんが言った。「井上《いのうえ》たちとたまに遊びに行くから、わかるよ。オレ」

むしろわからないのは、秋山《あきやま》くんがどうしてそんなところで遊んでいるのかだったが、私たちはツッコミを入れずに先を読み進める。

先週の展開《てんかい》のこともあって、イヤな予感しかしなかった。

そして、その予感はあたっていた。

梨枝《りえ》は、廃工場《はいこうじょう》の階段《かいだん》下にある出入口に駆《か》け寄《よ》っていた。しかし、扉《とびら》はさびついているのか、押《お》してても引いてもビクともしない。

「誰《だれ》か！」と叫《さけ》んで扉《とびら》をたたく。ガイン、ガインという音がむなしく響《ひび》く。

それを、二階から宇田姫《うだひめ》が見下ろしていた。暗い笑《え》みを浮《う》かべながら。

梨枝《りえ》は、別に出入口を探《さが》そうとしてキョロキョロとその場で首を振《ふ》っている。そんな彼女の頭上に、工場の資材《しざい》がいきなり落下する。

次のページには、黒でぬりつぶされたページに、大きく、不気味な文字で「ゴシャッ」と記されていた。

マンガを読み終えたクラスメートたちはみな、言葉もなかった。

私は、梨枝《りえ》の机《つくえ》を呆然《ぼうぜん》と見つめていた。

「まさか、嘘《うそ》だ！　嘘《うそ》だろ？　こんなのって……」ようやく、秋山《あきやま》くんがつぶやいた。

その日の帰りのHR《ホームルーム》。先生が魂《たましい》を抜《ぬ》かれたような顔で教室に入ってきて「さっき、警察《けいさつ》の人が来て……梅原梨枝《うめはらりえ》さんが廃工場《はいこうじょう》で見つかった」とうわごとのようにつぶやいた。「見つかった」という言葉の響《ひび》きに、私たちは息をのんだ。一瞬《いっしゅん》の沈黙《ちんもく》のあと、誰《だれ》かの細い悲鳴が教室に響《ひび》いた。

それからの一週間は、生きた心地《ここち》がしなかった。マンガの中で宇田姫《うだひめ》が叫《さけ》んだ「クラスのみんなも絶対許《ぜったいゆる》さない！」という言葉が、一人ひとりの上に重くのしかかっていた。

その中でも、秋山《あきやま》くんのうろたえぶりはヒドかった。ついに「オレも、梨枝《りえ》みたいに殺されるのかな？」とか「怖《こえ》えよ！　どうしたらいいんだよ！」といった泣き言を私のところに言いに来るようになったけれど、秋山《あきやま》くんが取り乱《みだ》せば取り乱《みだ》すほど、彼が宇田川《うだがわ》さんともつきあっていたというマンガの話が真実味を帯びてきて、正直、このころすでに、秋山《あきやま》くんに対する私の恋愛感情《れんあいかんじょう》は完全に消え失せていた。というか、秋山《あきやま》くんに構《かま》っている精神的《せいしんてき》なゆとりなんて、なかった。次に殺されるのが私だったとしても、ぜんぜん不思議じゃなかったのだから。

　そうこうしているうち、再《ふたた》び水曜日がやってきた。

　朝、学校に着くと、教室の真ん中にクラスメートが集まっていて、陰山《かげやま》くんの持ち込《こ》んだノートパソコンを見つめていた。

　私が教室へ入るのを見て「よかった。果穂《かほ》も無事だったんだな」と陰山《かげやま》くんが言った。

「秋山《あきやま》くんは？」と振《ふ》り返ると、彼の席にはバスケットボール用のバッグが置いてあった。

　どうやら彼も無事に登校できたらしい。

「……更新《こうしん》されてる？」と、ノートパソコンをのぞき込む。

「見てないの？」と陰山《かげやま》くん。

「怖《こわ》くて、一人じゃ見られないよ」

「まだ、更新されてないみたいだ」陰山《かげやま》くんはパソコンから目を離《はな》さず、さっきの質問《しつもん》に答える。「前回のアレが最終回だったのかもな」

「それはないと思う」私は自分の席に着いた。

　誰《だれ》が描《か》いているにせよ、このマンガの作者は梨枝《りえ》を殺した。もしかしたら宇田川《うだがわ》さんだって、同じヤツに殺されたのかもしれない。そんなことをやってのける人物が、これで事件《じけん》を終わりにするなんて、考えにくい。

私は、再《ふたた》び秋山《あきやま》くんの大きなバッグへ視線《しせん》をやった。きっと、恐怖《きょうふ》のあまりトイレにでも閉《と》じこもっているんだろう。しかし、朝のHR《ホームルーム》まであと五分もない。さすがに、そろそろ戻《もど》ってきたほうがいいんじゃないか。そんな心配をしていたら、「更新《こうしん》された!」と教室の前のほうでスマホをいじっていた女子が声を裏返《うらがえ》した。

陰山《かげやま》くんの席に駆《か》け寄《よ》ると、たしかに「つづき」が追加されてるのが見えた。

「誰《だれ》だよ! お前、誰《だれ》なんだよ!」秋山《あきやま》くんはトイレの便座《べんざ》に縛《しば》りつけられたまま叫《さけ》んでいた。その目の前で、死んだはずの宇田姫《うだひめ》がゲラゲラと笑いながらポリタンクの液体《えきたい》を秋山《あきやま》くんの顔や頭、股間《こかん》あたりにかけている。

「やめろよ……やめてください……」液体《えきたい》をかけられるたびに、彼の表情《ひょうじょう》がゆがんでいく。

「ヤバい!」と、陰山《かげやま》くんがパソコンの画面をキーボードにたたきつけた。

「みんな逃《に》げろ! 宇田姫《うだひめ》がガソリンをまいている!」

叫《さけ》ぶやいなや、パソコンを抱《かか》えて教室から飛び出していく。その突発的《とっぱつてき》な行動を、私やクラスのみんなはボーゼンと見送ったけれど、その一秒後には、全員が教室の出入口へ殺到《さっとう》し、廊下《ろうか》へ飛び出していく。

陰山《かげやま》くんは、廊下《ろうか》の突《つ》き当りにもう着いていて、非常用《ひじょうよう》の扉《とびら》を開けようとしていた。鍵《かぎ》のツマミを何度も押《お》したり引いたりしたあげく、ついには重そうな非常用扉《ひじょうようとびら》を蹴《け》った。

「開かない！」泣いていた。

「フツーに正面玄関《げんかん》から出ればいいじゃない」と、クラスの誰《だれ》かが慰《なぐさ》めようとした。

「それじゃダメなんだ！　さっき見たマンガのシーンは、一階正面の男子トイレなんだぞ！　あそこに火をつけられたら、ここからしか逃げられないんだ！」

私たちは、せっぱつまった顔を見合わせた。

「もうHR《ホームルーム》の時間だぞ」背後《はいご》から、そんな声が投げかけられた。振《ふ》り返ると、担任《たんにん》の先生が出席簿《しゅっせきぼ》を脇《わき》に抱《かか》えて目を丸くしている。「お前たち、廊下《ろうか》に集まって何やってん――」

ズンッ！

その時。足下から、突《つ》き上げるような地響《じひび》きが起こった。

ガラスの割《わ》れる音、悲鳴、叫《さけ》び出す火災報知器《かさいほうちき》。

「絶対《ぜったい》に許《ゆる》さない！　呪《のろ》ってやる！」そんな声が聞こえた気がした。

私は、どうしていいのかわからないまま、しびれたように廊下《ろうか》に立ち尽《つ》くしていた。

いらないプレゼント

告白されるというのは、悪い気分がすることではない。

「ぼ、ぼくと、つきあって、ください」

たとえば告白のしかたがえらく無器用だったり、あるいは相手がいかにも垢抜《あかぬ》けない人だったりしても、好かれること自体はイヤではない。

——川瀬菜生《かわせなお》は、自分で言うのも何だが結構《けっこう》モテる。そこまで飛び抜《ぬ》けてかわいいということもないのだが、よく男性《だんせい》から好きだと言われるのだ。

おつきあいしたことも、まあ何度かある。しかし、最近は告白されても断《ことわ》っていた。最後の彼氏との別れがつらく、他の男の人と親しくなる勇気がなかったのだ。

「うーん、いいよ」

なのに、どうしてあの時ＯＫを出したのか。自分でも、はっきりとはわからない。多分、菜生《なお》の心の中には「前の彼氏が自分を置いて、他の大切な何かを追いかけた」という気持ち

が巣くっていて、その寂《さび》しさを埋《う》めたかったのかもしれない。

告白してきたのは、香山兵馬《かやまひょうま》。同じ高校の男子生徒である。特に目立つところもなく、地味この上ない生徒だ。明らかに奥手《おくて》でウブで、それだけに菜生《なお》がOKした時には有頂天《うちょうてん》になっているようすだった。何でも、一目ぼれだったらしい。

「かばん、持とうか?」

兵馬《ひょうま》は、菜生《なお》を大切にしてくれた。とても一途《いちず》で、最初のうちは菜生《なお》も憎《にく》からず感じていた。しかし一緒《いっしょ》にいる時間が増《ふ》えるにつれ、だんだん不満を感じるようになった。

「この映画《えいが》、面白《おもしろ》いんだよ。アメリカの人気コミックが原作なんだけどさ、他のコミックに登場するヒーローとも関連性《かんれんせい》があるんだ。いずれはたくさんのヒーローが集結する映画《えいが》も出るって話で、シリーズ化して作品世界が広がるんだって。絶対《ぜったい》今の内に観《み》とくべきだよ」

こんな感じで自分のしたい話ばかりする分には、まだいい。男子は大体そんなものだ。

「今日ね、わたしお母さんとケンカしたんだ」

「そういや、僕もこの前親と言い合いになったなあ。あの時は——」

話を聞いてほしい時も、一方的にしゃべったりする。人の話が聞けない男子は実に残念だ。

せめて他にいいところがあれば我慢《がまん》もできるが、イケメンでもないし、おしゃれでもない。スポーツが得意なわけでもない。特技《とくぎ》があるにはあるのだが――それもちょっと微妙《びみょう》だった。

ある日のこと。次の授業《じゅぎょう》がある理科室に向かう途中《とちゅう》、菜生《なお》は兵馬《ひょうま》のクラスの前を通った。兵馬《ひょうま》は、一人で机《つくえ》に向かっていた。何か、絵を描《か》いているようだ。正直暗いと感じた菜生《なお》だったが、人の趣味《しゅみ》を悪く言うこともないかと考え直し、下校の時に話題に出してみた。

「絵、描《か》いてるんだね。ちらっと見ただけだけど、上手だったね」

社交辞令の延長《えんちょう》のような、軽い気持ちで言っただけだった。しかし兵馬《ひょうま》は、気持ち悪いほどどぎまぎし、次の日に学校の廊下《ろうか》でいきなり一枚《まい》のルーズリーフを突《つ》きつけてきた。

「いい感じに描《か》けたから、あげるよ」

「えっ」

菜生《なお》は戸惑《とまど》った――いや、怯《ひる》んだ。彼がルーズリーフに描《か》いてきた絵は、得体の知れない怪物人間《かいぶつ》の絵だった。背《せ》は高く、体はムキムキで、目には瞳《ひとみ》がなく白目である。肌《はだ》の色合いも変だ。筋肉《きんにく》の描《か》き込《こ》みとかは凄《すご》いのだろうが、凄《すご》すぎてかえって気味悪く感じてしまう。

そもそも、他の生徒もたくさんいる廊下《ろうか》でこんなものを堂々と出してくるのが論外《ろんがい》だ。周囲からの視線《しせん》が痛《いた》い。まったく、こんなプレゼントいらない。

「ああ、うん。ありがとう」

菜生《なお》は表面上笑顔《えがお》を取りつくろいつつ、絵をそそくさと鞄《かばん》の中に入れた。そして家に帰ると、絵を机《つくえ》の引き出しの一番奥《おく》にしまい込《こ》んだ。本音を言うと捨《す》てたかったが、何だか薄気《うすき》味悪《みわる》くてそれもできなかった。


この一件《いっけん》で、二人の溝《みぞ》は決定的に深まった。それまで我慢《がまん》できていた長話は余計嫌《よけいいや》になるし、気にしていなかったこと——妙《みょう》に早足で歩くところや、自分の興味《きょうみ》がない話になるとぼんやりしているところなど、気に入らないところがどんどん目につくようになった。

「もう知らない！」

ある日のこと、菜生《なお》はついに爆発《ばくはつ》した。原因《げんいん》が何だったかはっきりしない。とにかく腹《はら》を立てた菜生《なお》は、兵馬《ひょうま》を置いて一人で家に帰ったのだ。

「ほっといて！」

普通《ふつう》、ここはほっといてと言われても追いかけてくるところである。しかし、兵馬《ひょうま》はそのままじっと菜生《なお》の姿《すがた》を見送るだけだった。

その後も、兵馬《ひょうま》は電話さえしてこなかった。菜生《なお》は余計《よけい》に怒《おこ》った。なるほど、そっちにとって私はその程度《ていど》の存在《そんざい》か。だったらいい、本当にもう知らない。

次の日。一時間目が始まる前に、菜生《なお》たち全校生徒は体育館に集められた。緊急《きんきゅう》集会が開かれたのだ。壇上《だんじょう》で校長先生が告げた「悲しいお知らせ」は——兵馬《ひょうま》が事故《じこ》に遭《あ》って死んだ、というものだった。

さすがに、ショックだった。電話してこなかったのではない、できなかったのだ。自分の責任《せきにん》だ。きっと、自分が冷たくしたせいで、兵馬《ひょうま》は死んでしまったのだ。

菜生《なお》はふさぎ込《こ》み、学校にも行かなくなった。——そんな時だった。

『久《ひさ》しぶり！』

スマートフォンに、眞樹人《まきと》からのメッセージが来たのは。

矢吹眞樹人《やぶきまきと》。大学生で、兵馬《ひょうま》に告白される前につきあっていた菜生《なお》の元カレだ。眞樹人《まきと》は「広いステージで活躍《かつやく》できる人間になる」という夢《ゆめ》を追うために、菜生《なお》と別れて留学《りゅうがく》したのだ。

『何かつらいことでもあったの？』

いくつかメッセージをやり取りしただけで、眞樹人《まきと》はそう聞いてきた。ああ、この人はいつもこうだ。眞樹人《まきと》は人の気持ちがすぐわかり、思いやりもある。本当に――すてきな人だ。

菜生《なお》は眞樹人《まきと》とビデオ通話をし、つらい気持ちを吐《は》き出した。昔よりも頼《たよ》りがいのある風《ふう》貌《ぼう》になった眞樹人《まきと》は、ただ黙《だま》って聞いてから「つらかったね」と言ってくれた。菜生《なお》が、一番してほしかったことだった。


少し元気を取り戻《もど》した菜生《なお》は、久《ひさ》しぶりに登校した。

授業中《じゅぎょう》。窓《まど》ぎわの席の菜生《なお》は、窓《まど》から誰《だれ》もいない校庭をぼんやりと眺《なが》めていた。何かを見ているというよりは、ただ視線《しせん》を外に投げているだけという感じだった。

――ふと。菜生《なお》は、目をしばたたかせた。校庭の隅《すみ》に生えている木の陰《かげ》に、何かがいるような気がしたのだ。ひどく大きく、奇妙《きみょう》な形をした何か――

「ひっ」

菜生《なお》は、息をのむ。その何かに、見覚えがあったのだ。

筋骨隆々《きんこつりゅうりゅう》の姿《すがた》、おかしな色合い。それは――兵馬《ひょうま》の描《か》いた絵にそっくりだった。

不気味な怪物《かいぶつ》人間は、菜生《なお》の行く先々に現《あらわ》れるようになった。

街角のショーウインドウに、人混《ひとご》みの中に。路地裏《ろじうら》の陰《かげ》に、建物の屋上に。現《あらわ》れては消え、消えては現《あらわ》れるのだ。菜生《なお》を見張《みは》るように、あるいはつけ回すように。

菜生《なお》はどんどん追い詰《つ》められていった。怪物人間《かいぶつ》は夢《ゆめ》の中にさえ出てきた。夢《ゆめ》の中で菜生《なお》は何度も扉《とびら》を開けていた。開けるたびに、扉《とびら》の向こうに怪物《かいぶつ》人間が立っていた。

もう、限界《げんかい》だ。菜生《なお》は、引き出しの奥《おく》に入れっぱなしだった絵を持って近所の公園まで行き、そこで火をつけた。ルーズリーフはすぐに灰《はい》になった。これで、終わるはずだ。

部屋に戻《もど》ってきて、菜生《なお》は何の気なしに鏡に目をやる。そこには菜生《なお》と、あの怪物《かいぶつ》人間が映《うつ》っていた。

「いやあぁっ」

悲鳴を上げ、菜生《なお》は部屋を飛び出した。

菜生《なお》は泣きながら眞樹人《まきと》に電話した。菜生《なお》の言葉は支離滅裂《しりめつれつ》だったけれど、眞樹人《まきと》は車を飛ばして駆《か》けつけてくれた。

眞樹人《まきと》の車の助手席で、眞樹人《まきと》が用意してくれていたお茶を飲みながら、菜生《なお》は最近起きていることについて話した。全然現実味《げんじつみ》のない話だったが、眞樹人《まきと》は辛抱《しんぼう》強く聞いてくれた。

そのうち、菜生《なお》はうつらうつらし始めた。眞樹人《まきと》が、安心させてくれたからだろうか——

目が覚めると、周りの光景《こうけい》は一変していた。うっそうと木々が茂《しげ》っている。山の中だろうか。頭にぼんやり霧《きり》がかかっているが、それでもこの状況《じょうきょう》がおかしいことくらいはわかった。

「あの、ここって——」

隣《となり》の眞樹人《まきと》のほうを見て、菜生《なお》は凍《こお》りつく。

「いつも、起きるまで俺は待つんだ」

眞樹人《まきと》の唇《くちびる》に貼《は》りついているのは、今まで見たことのないような笑《え》みだった。

「寝《ね》ているところを絞《し》めても、苦しまなくてつまらないからな」

眞樹人《まきと》は、菜生《なお》の首に手をかけて締《し》め上げてきた。菜生《なお》は、突然《とつぜん》のことに混乱《こんらん》する。なぜ、どうして。眞樹人《まきと》の締《し》め方は、容赦《ようしゃ》ないものだった。このままじゃ——殺される。

菜生《なお》はもがいた。しかし、眞樹人《まきと》の腕《うで》を押《お》しのけることはできない。必死で手を振《ふ》り回しているうちに、偶然《ぐうぜん》指が眞樹人《まきと》の目に突《つ》き刺《さ》さった。眞樹人《まきと》は悲鳴を上げ、手を放す。

そのすきに菜生《なお》はドアロックを外し、転がるようにして車から飛び出した。足下は舗装《ほそう》されていない砂利道《じゃりみち》だ。横には柵《さく》もなく崖《がけ》があり、木がいくつも生えている。

必死で逃《に》げようとするが、足がふらついてうまく走れない。眞樹人《まきと》の用意したお茶の中に、何か薬が入れられていたようだ。

それでも走ろうとして、菜生《なお》は転んだ。手を上手《うま》くつくこともできず、顔から地面に突《つ》っ込《こ》む。眉間《みけん》に鈍《にぶ》い痛《いた》み。手をやると、血が出ていた。

「やりやがったな、このクソ女が」

眞樹人《まきと》が、怒鳴《どな》り声と共に車から降《お》りてきた。一方の目を手で押《お》さえていて、その下から血が滴《したた》っていた。もう片方《かたほう》の手には、刃渡《はわた》りの長いナイフが握《にぎ》られている。菜生《なお》は首を横に振《ふ》った。何がなんだか、わからない。眞樹人《まきと》は、どうしてしまったのか。

「ぶっ殺してやる！」

菜生《なお》の前に立ち、眞樹人《まきと》がナイフを振《ふ》りかざす。しかし、振《ふ》り下ろされることはなかった。

「なっ」

突然《とつぜん》、誰《だれ》かが眞樹人《まきと》の手首をつかんだのだ。凄《すさ》まじく、筋肉質《きんにくしつ》な腕《うで》。

「――うそ」

菜生《なお》は驚愕《きょうがく》する。現《あらわ》れたのは、あの怪物《かいぶつ》人間だった。菜生《なお》を――守ってくれている？

「な、なんだよお前！　離《はな》せよ！」

眞樹人《まきと》はもがく。しかし、怪物《かいぶつ》人間はびくともしない。眞樹人《まきと》ののどをつかみ、そのまま持ち上げる。声も出せず、眞樹人《まきと》は足をばたつかせるばかりだ。

怪物《かいぶつ》人間はそのまま歩き、眞樹人《まきと》を崖《がけ》の下へと投げ捨《す》てた。眞樹人《まきと》は悲鳴を上げながら山《やま》肌《はだ》を転がり落ちていった。

怪物《かいぶつ》人間が、菜生《なお》のほうを振《ふ》り返る。感情《かんじょう》も、意思も、その白目からは読み取れない。しかし、心だけは真っ直ぐに伝わってきた。

怪物《かいぶつ》人間は、菜生《なお》のことをずっと見守ってくれていたのだ。危険《きけん》が迫《せま》っていると、教えようとしてくれていたのだ。

「――兵馬《ひょうま》くん、なの?」

怪物《かいぶつ》人間は何も答えず、次の瞬間《しゅんかん》――炎《ほのお》に包《つつ》まれ燃《も》え落ちていった。まるで、火をつけられたルーズリーフのように。

眞樹人《まきと》は、人を苦しめて殺すことに喜びをおぼえる人間だった。彼が留学《りゅうがく》したのも、菜生《なお》とつきあう前に犯《おか》した殺人が発覚しそうになったので、ほとぼりをさますため。何もかもが、嘘《うそ》だったのだ。

眞樹人《まきと》の死は、罪《つみ》の発覚を恐《おそ》れた自殺として処理《しょり》された。菜生《なお》は、その道連れにされるところだったということになった。車に残されていた飲み物から検出された薬物や、菜生《なお》の首に残ったあざ、額《ひたい》の傷《きず》などがその証拠《しょうこ》となった。無理もないことだ。菜生《なお》のことを守ってくれた怪物《かいぶつ》人間の痕跡《こんせき》は、菜生《なお》の心の中以外のどこにも残ってはいなかったのだから。

事件以降《じけんいこう》、あの怪物《かいぶつ》人間は二度と菜生《なお》の前に現《あらわ》れなかった。菜生《なお》がルーズリーフを燃《も》やしてしまったからだろうか。危険《きけん》が去ったからだろうか。今はもう、わからない。

菜生《なお》は、折に触《ふ》れて兵馬《ひょうま》のお墓参《はかまい》りをしている。かつて兵馬《ひょうま》が熱心に語っていた映画《えいが》シリーズは、今では新作が出るたびに世界中で大ヒットするようになった。彼がなんと言って薦《すす》めていたか、菜生《なお》はあまり覚えていない。そのことが情《なさ》けなかった。あの時、菜生《なお》は兵馬《ひょうま》が菜生《なお》の話を聞かないと怒《おこ》ってばかりいた。しかし、菜生《なお》自身はどうだろうか。彼の話に、ちゃんと耳を傾《かたむ》けていただろうか？

手を合わせて、目を閉《と》じる。映画《えいが》を観《み》ればその報告《ほうこく》を、楽しかったことがあればそのことを、何もなければ何もなかったことを、こうして伝えに来ている。

そして、耳を傾《かたむ》ける。今はもう聞こえない、彼の言葉に――

兄ちゃんをこわがらせたい

学校の課題を終えた僕は大きく伸《の》びをした。時計を見ると午前一時を過《す》ぎている。そろそろ寝《ね》ようかと振《ふ》り返ると、ベッドの掛《か》け布団《ふとん》がこんもりとふくらんでいた。

「おい、バレバレだぞ。黙《だま》って部屋に入ってくるなって言ったろ。出てこいよ」

ふくらみがもごもごと動いて、布団《ふとん》の下から白いものが這《は》いずり出てくる。

こいつは最近、我《わ》が家《や》に出るようになった〝幽霊《ゆうれい》〟だ。白いシーツをかぶって廊下《ろうか》を走りまわり、テレビの前に立ってゲームの邪魔《じゃま》をし、寝《ね》ようとするとこうして布団《ふとん》の中で待ち構《かま》えている。その正体は——小学三年の弟・光輝《こうき》だった。

「何時だと思ってんだよ。子どもが起きてていい時間じゃないぞ」

シーツをはぎ取ると、「怖《こわ》かった?」と眠気《ねむけ》ゼロのギラギラした目が僕を見上げてきた。

「残念。そんな絵本に出てくるみたいな幽霊《ゆうれい》、大人は怖《こわ》がんないの。出直してこい」

「兄ちゃんだって、大人じゃないじゃん」

「十九はもう大人だ。ほら、自分の部屋に戻《もど》れ、母さんに言いつけるぞ。これも持ってけよ」

シーツを頭にかぶせてやると、不満をぶちぶちとこぼしながら部屋を出ていった。


「どうしても、僕のことを怖《こわ》がらせたいみたいなんだよな」

僕の話を聞いていた広中《ひろなか》は、「いいねぇ」と仙人《せんにん》のように伸《の》びたアゴヒゲをなでた。

ファミレスのシートにあぐらをかいた彼は、オレンジ色の長髪《ちょうはつ》、ピンク色のサングラス、トゲつきのレザーパンツにドクロ柄《がら》のアロハシャツと奇抜《きばつ》な身なりをしている。デザイン系《けい》の学校は各学科に一人か二人、この手のクセの強い外見の人間がいるが、広中《ひろなか》はその筆頭だ。

「広中《ひろなか》、先に釘《くぎ》を刺《さ》しておくが、弟に映画《えいが》の幽霊役《ゆうれいやく》はやらせないからな」

「ぐっ、察しがいいな……」

映像《えいぞう》デザイン科の広中《ひろなか》は自主製作《せいさく》のホラー映画《えいが》を構想中《こうそうちゅう》で、子どもの幽霊役《ゆうれいやく》を探《さが》している らしい。彼の作る映画《えいが》だからどうせ、グロテスクでマニアックな内容《ないよう》に決まっている。

「なあ、頼《たの》むよ。ホラーで子どもの幽霊《ゆうれい》はハズレ無しなんだよ」

「幽霊《ゆうれい》なんて白い服着た女の人を出しとけばいいんだろ」

「それだよ」広中《ひろなか》は僕を指さした。「最近の幽霊《ゆうれい》はみんな似《に》たり寄《よ》ったりでウンザリだ。お前の言ってるような長い黒髪《くろかみ》に白のワンピースの女ばっかり。もう飽《あ》きたね、あれは」

「ていうか、今どき幽霊《ゆうれい》なんて誰《だれ》も怖《こわ》がらないだろ。テロとか地震《じしん》には勝てないって」

「こういう冷《さ》めたこと言うヤツがいるからホラーが衰退《すいたい》するんだよなぁ」広中《ひろなか》はため息を吐《は》いた。「つーかさぁ、お前ほんと、何があったの？　急にホラーを敵視《てきし》しだしてさ」

「敵視《てきし》なんてしてないって。大袈裟《おおげさ》だな」

「なんだったらお前、俺よりホラー好きだったじゃんよ。『本当に怖《こわ》いホラーが見たい』ってよく言ってたくせに、まるで別人じゃん。頭でも打ったのか？」

「目が覚めたんだよ。幽霊《ゆうれい》とかゾンビとか、そんなものいるはずないってな」

「なるほど、こりゃ重症《じゅうしょう》だ」と、広中《ひろなか》はテーブルの上にDVDを置いた。「いるいないを言い出したら末期だよ。これはそんなお前への治療薬《ちりょうやく》だ。お前が見るべきホラーだ」

そこまで言われて押《お》しつけられたDVDは、退屈《たいくつ》なB級ホラーだった。退屈《たいくつ》なうえに、とにかくグロテスクで不快《ふかい》な内容《ないよう》だったので、僕は途中《とちゅう》で見るのを止めてしまった。

もうベッドに入ろうとテレビの電源《でんげん》をオフにした僕は、「うわっ」と声をあげた。

暗くなった画面に、僕の背後《はいご》に立つ光輝《こうき》が映《うつ》り込《こ》んでいたのだ。

「びっくりした、また勝手に――」と振《ふ》り向いた僕は、再《ふたた》び、「わっ」と声をあげる。

光輝《こうき》は顔を血まみれに……いや、赤いドロドロとした何かを顔に塗《ぬ》りたくっていた。

「怖《こわ》かった？」と、笑《え》みを浮《う》かべて赤い顔を近づけてくる。

「いい加減《かげん》にしろ！　黙《だま》って入るなって何度……ん？」僕はくんくんと匂《にお》いをかぐ。「それ、いちごジャムか？　何やってんだよ。あーあ、母さんに怒《おこ》られるぞ」

光輝《こうき》は目を輝《かがや》かせながら、「ねえねえ、怖《こわ》かった？」と僕に返答をうながす。

「……このお化けごっこ、友達のあいだで流行《はや》ってるのか？」

「うん、ユウ君もリョウタ君も幽霊《ゆうれい》になるのすごく上手なんだよ。すごく怖《こわ》いんだ」

「あー、そうか。でもな、兄ちゃんは全っ然怖《こわ》くないぞ」

「え？」と、光輝《こうき》はショックを受けたような顔をした。「全然？」

「全然。だから、こういうのは友達同士だけでやりな。いいな？」

光輝《こうき》は唇《くちびる》をとがらせて不服そうな顔をすると、小さくうなずいて部屋を出ていった。

翌日《よくじつ》、学校から帰ると幽霊《ゆうれい》が増《ふ》えていた。

僕が玄関《げんかん》のドアを開けた直後、リビングから血だらけの子どもたちがドタドタと飛び出してきた。腹《はら》に包丁《ほうちょう》が刺《さ》さっている子、片方《かたほう》の眼球《がんきゅう》が垂《た》れ下がっている子、頭に斧《おの》を突《つ》き立てているのは光輝《こうき》だ。包丁《ほうちょう》も眼球《がんきゅう》も斧《おの》も厚紙《あつがみ》で作ったもので、血は赤色の絵の具だった。

飽《あ》きずによくやるよと半《なか》ばあきれながらリビングへ入ろうとすると、後ろから服の裾《すそ》をグイッと引っ張《ぱ》られる。光輝《こうき》と二人の男の子が僕のことを見上げていた。

「ねぇねぇ、今度は怖《こわ》かった？」

三人の顔をじっと見てから首を横に振《ふ》ると、弟たちは困惑《こんわく》するような表情《ひょうじょう》を見せた。

「なんで怖《こわ》くないの？」

「うーん、兄ちゃんはもっと怖《こわ》いものを見たことがあるから……かな」

「え？」光輝《こうき》たちは目を真ん丸に広げた。「なにそれ？　どんなの？　教えて教えて！」

――半月前。赤いニット帽《ぼう》をかぶった男が、駅前で通行人を襲《おそ》うという事件《じけん》があった。僕はたまたま、事件《じけん》直後の現場《げんば》を目撃《もくげき》していた。

路上に何人もの人たちが倒《たお》れていて、みんな胸《むね》や腹《はら》から血を流してうめいていた。僕のそばに倒《たお》れていた男の人は胸《むね》にナイフが刺《さ》さったまま、びくびくと痙攣《けいれん》していた。その目は虚《うつ》ろで、顔色はどんどん白くなっていき、今にも死にそうだった。そして、「いやだ、死にたくない」と弱々しい声を漏《も》らし、僕をじっと見つめながら涙《なみだ》を流したのだ。

「その時がいちばん、兄ちゃんは怖《こわ》くて怖《こわ》くてたまらなかったな」

僕の話を聞いた三人はきょとんとした顔を見合わせ、同時に首をかしげた。

「ねえ。その話、どこに幽霊《ゆうれい》が出てくるの？」

そうか……光輝《こうき》たちは怖《こわ》いものイコール幽霊《ゆうれい》なんだ。死んだはずの人が現《あらわ》れる幽霊《ゆうれい》は不思議で怖《こわ》いけど、僕が話したのは事件《じけん》に巻《ま》き込《こ》まれた人が死んだという、ニュースでよく見かける、ただの現実《げんじつ》。何の不思議もない僕の話のどこが怖《こわ》いのか、理解《りかい》できないんだろう。

でも、初めて目の前で人が死んでいくのを見た僕は、そのショッキングな光景が映像《えいぞう》として目に焼きついてしまい、それからどんなホラー映画《えいが》を見ても怖《こわ》いとは思えなくなったのだ。

「兄ちゃんはもう死んじゃった人よりも、もうすぐ死んじゃう人のほうが怖《こわ》いんだね」

「いや、ええとだな……」自分の感じた生々しい死の恐怖《きょうふ》について、小学生の弟たちにうまく説明するのは難《むずか》しいと考えた僕は、「そうだよ」と軽く答えてしまった。

「それでどうなのよ？　弟くんの幽霊《ゆうれい》っぷりは」

翌日《よくじつ》、いつものファミレスで広中《ひろなか》はアゴヒゲをなでながら聞いてきた。

「どうかな。もうやらないかも……」というのも、あの後に光輝《こうき》たちは幽霊《ゆうれい》の真似《まね》をすぐにやめ、難《むずか》しそうな顔で何やら話し込《こ》んでいた。僕のした話は小学生にはショッキングすぎるし、死の恐怖《きょうふ》なんて難《むずか》しいと思ったけど、ちゃんと伝わっていたのかもしれない。

「将来《しょうらい》有望なホラー俳優《はいゆう》になれたかもしれんのに……」と残念そうな顔を見せた広中《ひろなか》は、

「そうだ」と、自分の鞄《かばん》から取り出した黒いパッケージのＤＶＤを僕の前に置いた。

「広中《ひろなか》、もういいって、こういうのは」

「まてまて。この前のリベンジをさせてくれ。あれはちょっとマニア向けすぎた。これは間《ま》違《ちが》いなく今年のホラーベストワンの作品だから。お前をホラーに呼《よ》び戻《もど》すぜぇ」

「……まあ、一応《いちおう》借りとくけど、いつ返せるかわかんないぞ。最近、忙《いそが》しいし」

「いや、今日、お前ん家《ち》で見よう。一緒《いっしょ》に」

「は？　なんで？　やだよ、そんなカッコしてる奴《やつ》、家に連れてきたくないよ」

「お前、この前のちゃんと見てないだろ。感想がネットのレビューとまったく同じだったぞ」

僕は何も言い返せなかった。

渋々《しぶしぶ》と広中《ひろなか》を連れて家に帰ると、この前も来ていた光輝《こうき》の友達が遊びに来ていた。

なぜかパジャマを着た三人は、ゾンビみたいなふらふらとした歩き方で玄関《げんかん》まで僕らを出迎《むか》えた。弟たちの顔は、何かを塗《ぬ》っていて真っ白だった。

「ねー、怖《こわ》い？」と、三人が同時に聞いてきた。

「おいおい、なんだよー」広中《ひろなか》がうれしそうに僕をひじでつついてきた。「まだ幽霊《ゆうれい》ごっこやってんじゃーん。やっぱりいいねぇ、子どもの幽霊《ゆうれい》は」

「違《ちが》うよ」と光輝《こうき》は僕を見ながら首を横に振《ふ》った。「幽霊《ゆうれい》ごっこなんかじゃないよ」

「じゃあ病人ごっこかよ。ったく、次から次に変な遊びを考えるよな……」

「だって兄ちゃん、死んじゃった人より、もうすぐ死んじゃう人が怖《こわ》いんでしょ？　ほら、ヒロシおじさんが死んじゃう前、パジャマ着てて、顔が真っ白だったよね？」

僕は凍《こお》りつく。光輝《こうき》たちは僕の話を誤《あやま》った形で解釈《かいしゃく》していた。彼らが真似《まね》ているのは、病気で死にかけている病人だ。これは《もうすぐ死ぬ人ごっこ》をしているんだ。

「光輝《こうき》、この遊びはもうやめろ」

「なんで？　あ、兄ちゃん、こういうほうが怖《こわ》いんだっけ？」と光輝《こうき》はパタンと仰向《あおむ》けに倒《たお》れ、「死にたくないっ、死にたくないっ」とビクビク震《ふる》えだした。

僕は光輝《こうき》の胸倉《むなぐら》をつかんで無理やり起こすと、おもいきり頬《ほお》をはたいた。

「光輝《こうき》っ、お前……やっていいことと悪いこともわかんないのかよ！」

「おい、落ち着けって、子どもの遊びじゃねぇか」

広中《ひろなか》が僕を止めると、光輝《こうき》の二人の友達は大声で泣きだした。

頬《ほお》に赤い手形を貼《は》りつけた光輝《こうき》は涙《なみだ》と鼻水を流しながら、僕のことをキッとにらんだ。

「……もっと兄ちゃんを怖《こわ》がらせてやる」

光輝《こうき》は僕と広中《ひろなか》を突《つ》き飛ばして家を飛び出した。友達の二人も追いかけて出ていった。

「おい、いいのかよ？　もう暗くなるぜ？」

「友達が家に帰ったら、あいつも帰ってくるよ」

「でも、例の赤い帽子《ぼうし》の通《とお》り魔《ま》、まだ捕《つか》まってねぇんだろ？」

——僕はすぐに追いかけるべきだった。

家を飛び出した光輝《こうき》たちはあの直後、近所で通《とお》り魔《ま》に襲《おそ》われ、殺されてしまったのだ。


「なあ……そろそろ、学校に来いよ」

その晩《ばん》、広中《ひろなか》に電話で呼《よ》び出された僕は、近所の公園のベンチで説得されていた。

光輝《こうき》たちが死んだのは僕のせいだ。僕が殴《なぐ》って、怒鳴《どな》りつけ、すぐに追いかけなかったから弟たちは死んでしまった。なのに僕だけが普段《ふだん》どおりの生活に戻《もど》るなんてできなかった。

「お前がそんなんじゃあ、弟も浮《う》かばれ……お、おい」

広中《ひろなか》がひじでつついてくる。なんだよ、と僕は顔を上げた。

公園の前の道を小学生くらいの子どもがふらふらと歩いている。身の丈《たけ》に合わない服を着て、余《あま》った袖《そで》を手から垂《た》らし、長すぎるズボンの裾《すそ》をズルズルと引きずって。

ぞくり。僕の背筋《せすじ》は凍《こお》りついた。あれは、光輝《こうき》の友達のユウくんだ。

その後ろには、奇抜《きばつ》な柄《がら》の服を着た同じくらいの背丈《せたけ》の子どもが、やはり余《あま》らせたズボンの裾《すそ》をずるずると引きずって歩いている。もう一人の友達のリョウタくんだった。

どうして、通《とお》り魔《ま》に殺されてしまったはずの二人が――。

僕らが今着ている服と、まったく同じものを着て、ふらふらと歩いているのだ。

「ねぇねぇ、怖《こわ》い？」

耳元で光輝《こうき》の声が聞こえた。その瞬間《しゅんかん》、僕はあの言葉を思い出していた。

――もうすぐ死んじゃう人が怖《こわ》いんでしょ？

ガサリと音がし、僕と広中《ひろなか》は同時に振《ふ》り返る。後ろの木陰《こかげ》から赤いニット帽《ぼう》をかぶった大《おお》柄《がら》な男が近づいてくる。その手にある光る物が僕らにとがった切っ先を向けている。

きっと僕らはもうすぐ、死ぬ。

私が死んだ？

「たいへん、たいへん！」

夏休みのある日。

熊本《くまもと》一花《いちか》が自分の部屋で、寝《ね》ころびながらスマホをいじっていると、同じクラスの八束碧《やつかあおい》が駆《か》け込《こ》んできた。お邪魔《じゃま》しますの一言もなく、勝手に家にあがりこんできたらしい。

ひどく慌《あわ》てていることは、一目見てわかった。

「どうしたの？」

「一花《いちか》、たいへんだよ！　学校裏《うら》の沼《ぬま》で、一花《いちか》が死んでるの！」

「えっ？」

「だから、一花《いちか》が死んでるんだって！」

「いや、待って。私、ここにいるし」

……何を言っているんだ、この子は。

碧《あおい》はとてもせっかちなので、主語をすっとばしたりして、ときどきよくわからないことを言う。

彼女の言葉を翻訳《ほんやく》すると、つまり、学校の裏《うら》にある庭に水死体が浮《う》かんでいたということだろう。それを発見してしまい、私の死体だと思ったのだろうか。

一花《いちか》はそんなことを考えたけれど、碧《あおい》は一花《いちか》の言葉を聞くようすもなくまくし立てる。

「自分のことは自分でやらないと！　自分の死体をあんなところに放置していたら、みんなに迷惑《めいわく》かけると思うんだ」

「……えっと、私、死んだの？」

「もう、一花《いちか》ちゃんはしょうがないんだから。自分が死んじゃったことにも気がつかないなんて。自分の死体は自分で片《かた》づけないとだよ！」

一花《いちか》は思った。だったら、ここにいる自分は誰《だれ》なんだろう。

……幽霊《ゆうれい》だ、とでもいうのだろうか。

そういえば二週間前。

自分たちはクラス全員、沼《ぬま》のところでゴミ拾いのボランティアをやらされた。その時は、危険《きけん》だから沼《ぬま》に近づかないようにと、ずいぶんきつく注意されたような気もする。

沼《ぬま》の底は泥《どろ》になっていて、いったん落ちると這《は》い上がることができなくなってしまうのだという。

……けれども、と、一花《いちか》は思い直した。

幽霊《ゆうれい》になると、生きていた時の記憶《きおく》が曖昧《あいまい》になる。そんな話を、だいぶ前に本で読んだ気がする。

碧《あおい》が言うことを理解《りかい》できないというのは、もしかして自分は本当に、幽霊《ゆうれい》になってしまったのではないだろうか。

一花《いちか》はそう考えて、碧《あおい》に言った。

「じゃあちょっと、ようすを見に行ってみようか」

沼《ぬま》に着いてみると、たしかに沼《ぬま》のへりに手を伸《の》ばすようにして、水死体が浮《う》かんでいた。

体の半分が水に浸《つ》かっている。

「一花《いちか》ってば、本当に変わり果てた姿《すがた》に……」

碧《あおい》は鼻をすするように、ズッと強く息を吸《す》った。

「そっか、これ、私なのか……」

「ご愁傷様《しゅうしょうさま》です」

「……うん、ありがとう。短い一生だったよ」

「お葬式《そうしき》、絶対《ぜったい》行くからね」

「やっぱり燃《も》やされるのかなあ……熱そうだよ」

「大丈夫《だいじょうぶ》、きっともう何も感じないよ」

「あっ、そうか」

「ねえ……もうちょっと近くに寄《よ》って見に行ってみようか」

碧《あおい》は、一花《いちか》の耳元でささやくように言った。その声にドキリとして、

「そ、そうだね」と、一花《いちか》は目を見開いて、返事をした。

一花《いちか》はおそるおそる沼《ぬま》に近づく。

下り坂になっていて、滑《すべ》りやすい。だから、少しでも油断《ゆだん》すると、このまま沼《ぬま》に落ちてしまいそうだった。

プルプルと足を震《ふる》わせながら、死体を見下ろした。

のぞき込《こ》むようにして体を前に出すと、なんとかその状態《じょうたい》を確認《かくにん》することができる。

腹這《はらば》いに、顔を横に向けるような姿勢《しせい》で、死体は横たわっていた。

顔の部分は髪《かみ》の毛がかかっている上に、傷《いた》みも激《はげ》しくて、骨《ほね》が見えている。おまけに体は水を吸《す》って、パンパンにむくんでしまっているから、自分の死体と言われてもピンとこない。

というよりも、これがいったい誰《だれ》の死体なのか、はっきりとはわからない。

ただ、泥《どろ》でだいぶ汚《よご》れた服が、一花《いちか》たちが通っている学校の制服《せいふく》と同じものだというのはたしかだった。

胸元《むなもと》のリボンがほどけていて、その端《はし》がわずかに見える。緑色をしているから、間違《まちが》いなく同じ二年生だ。

腕《うで》の部分は何かに食べられたかのように肉が削《そ》げ落ちていた。

「水の中の死体は、魚が食べちゃうから、傷《いた》みが激《はげ》しくなるんだよ」

碧《あおい》の声が、頭の上から響《ひび》いてきた。

「とりあえず、警察《けいさつ》を呼《よ》ばないと……」

そう言って一花《いちか》は、ポケットからスマートフォンを取り出そうとした。

「えーっ、かわいそうだよ」

「いや、意味わからんし」

「とりあえず、先に水から引きあげてあげよう？」

「そういうのこそ、警察《けいさつ》に任《まか》せたほうがいいんじゃないかな」

「だって、このままだと寒そうだし……それに、一花《いちか》はもう死んでるんだから、スマホ触《さわ》れるわけないじゃん」

碧《あおい》は、ため息を吐《つ》く。

一花《いちか》は再《ふたた》び、死体を見下ろした。

「そっか」

見るからに、この死体を引き上げるのは危《あぶ》ない気がする。それに、いくら自分の体だとはいえ、傷《いた》んだ死体には触《ふ》れたくない。

いや、もう死んでいるのなら、今さら水を怖《こわ》がる必要などないんだけれど。

……というか、私が幽霊《ゆうれい》だというのなら、そもそも死体を引きあげるなんてできるのだろうか？　死体に触《ふ》れることすら、できないのではないだろうか？

「やっぱり、人を呼《よ》ぼう」

そう言って、一花《いちか》はとっさにスマートフォンを手に取った。

すると、メッセージが一件《けん》、届《とど》いていることに気がついた。

……学校からだ。

いったい、何だろう。

一花《いちか》は不審《ふしん》に思いながら画面をタップして、そのメッセージを開いた。

行方《ゆくえ》不明者のお知らせ

夏休み中、みなさん楽しんでいることと思います。

けれども、とても残念なことが起こりました。二年三組の八束碧《やつかあおい》さんが、一週間前から行方《ゆくえ》不明になっているということです。

家出をするような心当たりもなく、もしかしたら事件《じけん》や事故《じこ》に巻《ま》き込《こ》まれたのではないかと、ご両親もたいへん心配されています。そのため、今日から警察《けいさつ》のほうでも、公開捜査《そうさ》に踏《ふ》み切ることになりました。

もし八束《やつか》さんについての情報《じょうほう》を少しでも持っている人がいたら、すぐに学校、または警察《けいさつ》に知らせて下さい。


（えっ……これって）

一花《いちか》はハッと目を見開いた。

慌《あわ》てて、インターネットのサイトを見るためのウェブブラウザを立ち上げた。

すると、

——○○市で女子中学生行方《ゆくえ》不明。警察《けいさつ》、公開捜査《そうさ》に踏《ふ》み切る。

ニュースサイトのトップに、こんな記事が掲載《けいさい》されていた。

(だって、碧《あおい》はここに……)

そのとき、一花《いちか》はハッと気がついた。

……まさか、この死体は。

次の瞬間《しゅんかん》。

一花《いちか》は足首をガシッと何かに捕《つか》まれた。

ものすごい力で、引っ張《ぱ》られる。

「キャアアアアアアッツッ!」

一花《いちか》は叫《さけ》び声をあげながら、下を見下ろした。

沼《ぬま》の淵《ふち》に浮《う》いていた死体が、動いている。

右手でがっちりと自分の足首をつかみ、沼《ぬま》のほうに引きずりこもうとしている。

「ねえ、一花《いちか》…………一緒《いっしょ》に逝《い》こうよ」と、碧《あおい》が耳元でささやく声が聞こえた。

幽霊《ゆうれい》になっていたのは、一花《いちか》ではなかった。碧《あおい》のほうだったのだ。

「碧《あおい》……やめてっ！　お願いだから、助けてーっ！」

一花《いちか》は絶叫《ぜっきょう》したが、足はどんどん引っ張《ぱ》られる。

つま先が、水に着いた。

水を含《ふく》んだ地面で、服はもうあちこち破《やぶ》れ、ドロドロに汚《よご》れている。

「私、先週、三年生の先輩《せんぱい》にここにつれてこられて、告白されたんだ」

一花《いちか》は碧《あおい》――幽霊《ゆうれい》になったほうの彼女を見上げた。

口元には、薄《うす》ら笑いを浮《う》かべている。けれども目は、まるで三年生の先輩《せんぱい》ではなく自分を恨《うら》んでいるかのように冷たかった。なぜなら……

「ほら……覚えてる？　私を呼《よ》び出した先輩《せんぱい》、ちょっと怖《こわ》い人だから、一緒《いっしょ》についてきてって一花《いちか》にお願いしたの。だけど一花《いちか》、断《ことわ》ったよね」

「ゴメン……だってあの日は、親に早く帰ってくるように言われてたから！」

一花《いちか》の言葉など、聞いていない。いや、聞こえていない。そんなようすで、碧《あおい》は続けた。

「告白を断《ことわ》ったらものすごい剣幕《けんまく》で怒《おこ》って、逃《に》げようとしたら頭を殴《なぐ》られたの。気がついたらこうなってたんだ……ずっと寂《さび》しかった」

不気味にそうつぶやく碧《あおい》に、一花《いちか》は、どんどん沼《ぬま》の中に引きずり込《こ》まれていた。叫《さけ》び声をあげて助けを求めたが、そこにやってくる人は誰《だれ》もいなかった。

「……でも、もう大丈夫《だいじょうぶ》」

碧《あおい》の言葉が聞こえた直後。

一花《いちか》の顔が、沼《ぬま》の水に着いた。

濁《にご》った水が口や鼻から入ってくる。体をバタバタと動かしてなんとか碧《あおい》から逃《のが》れようとするけれど、信じられない力で引っ張《ぱ》られる。

「一花《いちか》、これからはずっと一緒《いっしょ》だよ」

碧《あおい》の声が、直接《ちょくせつ》、頭の中に響《ひび》くように聞こえてきた。

その直後、一花《いちか》はすうっと自分の意識《いしき》が遠のいていくのを感じていた。

転ぶ椅《い》子《す》

「小和《こより》はさぁ、真面目《まじめ》だよねぇ」

吹奏楽部《すいそうがくぶ》の部室で朝一番に自主練習をしていると、同じクラスの友達からよくこう言われる。

だけど私は自分が真面目《まじめ》だなんて思ったことはない。来月のコンクールに良い成績《せいせき》を残そうと考えたら、一人きりでも練習をするのは当たり前だからだ。

私の担当《たんとう》する楽器はコントラバスで、中学の吹奏楽部《すいそうがくぶ》の時から弾《ひ》き続けている。

コントラバスはヴァイオリンのような形の楽器で、値段《ねだん》が高くて残念ながら自分のものは持っていない。おまけに私の身長よりも大きくて簡単《かんたん》に持ち運べるような楽器でもないので、練習するためには部室におもむいて吹奏楽部《すいそうがくぶ》の備品《びひん》を借りるしかない。

だからトランペットやフルートのような、持ち帰って練習できる他の楽器の演奏《えんそう》に負けないよう、私は誰《だれ》よりも早く登校して練習をしているだけのことだ。

でも朝、誰《だれ》よりも早くに部室に入るたび――どうしても気になることが一つあった。

「ほんと……なんでなんだろう」

なぜか部室に置かれた私の椅子《いす》が、毎朝必ず転んだように倒《たお》れているのだ。

コントラバス担当《たんとう》である私の椅子《いす》は、大きな楽器を支《ささ》えることもあって足の長いハイチェアだ。その分だけ他の椅子《いす》よりも重く安定していて、よほど大きな地震《じしん》でも起こるか、それこそ人がわざと蹴《け》ったりしない限《かぎ》りは倒《たお》れることはない。

昨日の放課後も、私は間違《まちが》いなく自分の椅子《いす》を立てたまま部室から帰っている。

それなのに誰《だれ》も見ていない間に、この椅子《いす》は一人で勝手に転んでいるのだ。

本当に不思議だけど、でも悩《なや》んでいる時間がもったいない。私は準備室《じゅんびしつ》からコントラバスをひっぱり出してくると、起こした椅子《いす》の隣《となり》に立ち、一人で練習を始めた。

「おはよう、小和《こより》は今日も早いね」

やがて他の部員も登校し始めて、授業《じゅぎょう》が始まる前に次のコンクールの課題曲を一度だけ音合わせしてみようということになった。

練習でも全員での合奏《がっそう》は気分がたかぶる。私も日ごろの練習の成果を発揮《はっき》すべく、気合いを入れて演奏《えんそう》し始めるが——ふと合奏《がっそう》の中に、妙《みょう》な音が紛《まぎ》れているのに気がついた。

――ギィ　――ギィ

間延《まの》びしたメトロノームみたいに等間隔《とうかんかく》のテンポで鳴るその音は、集中しようとすればするほど私のリズムをくるわせるように大きくなり、思わず手が止まってしまう。

「ご、ごめんなさい！　先輩《せんぱい》たちも、ちょっとすいませんっ‼」

私の大声に反応《はんのう》し、四〇人近い部員のみんながいっせいに手と口を止めた。せっかくの合《がっ》奏《そう》練習中に申し訳《わけ》ないと思いながらも、私は言葉の先を続ける。

「何か……変な音が聞こえませんか？」

「変な音？　それってどんな音なの？」

「……コントラバスの弦《げん》を限界《げんかい》まで張《は》ってから何か固いものでこするような、そんな甲高《かんだか》くて耳障《みみざわ》りな音が、天井《てんじょう》のほうから聞こえてくる気がするんですよ」

うちの吹奏楽部《すいそうがくぶ》が所持する弦楽器《げんがっき》はコントラバス一台しかない。つまり楽器置き場にしている準備室《じゅんびしつ》を含《ふく》めて、他に弦《げん》の音を響《ひび》かせるような楽器はないわけで――、

「そんな音、聞こえないって。単に小和《こより》が自分でチューニングを失敗したんじゃないの？」

私と同じ一年の女子は、みんな不思議そうに首をかしげる。でも――二年と三年の先輩《せんぱい》た

ちの顔は、少しも笑ってはいない。むしろ逆《ぎゃく》でどんどんと顔を青ざめさせていた。

「ど、どうしたんですか？　先輩《せんぱい》たち」

「……小和《こより》。悪いけど今日の放課後に、少し話を聞かせてもらっていいかな？」

クラリネットを椅子《いす》に置き、そう私に話しかけたのは、部長の菜々美先輩《ななみせんぱい》だった。

「小和《こより》はさ、ひょっとして月乃《つきの》のことを知っているの？」

放課後の練習も終えた後の二人きりの部室で、菜々美先輩《ななみせんぱい》の口から聞く知らない人の名前に、私は「……誰《だれ》ですか？」とたずね返していた。

「小和《こより》の一つ上の部員。去年、吹奏楽部《すいそうがくぶ》でコントラバスを担当《たんとう》していた子だよ」

思わず「えっ？」と声を上げてしまう。

私が入部した時、コントラバス担当《たんとう》はいなかった。本来、吹奏楽《すいそうがく》の構成《こうせい》にコントラバスは入っていない。だから去年はいなかったのだと、勝手に思っていたのだが。

「一年生が怖《こわ》がると思って二年、三年生は言わないようにしてたんだけどね……実は、去年のコンクールの後に、吹奏楽部《すいそうがくぶ》の準備室《じゅんびしつ》で月乃《つきの》は自殺をしたの」

「……ここで、ですか？」

顔を青くして聞き返す私に、菜々美先輩《ななみせんぱい》は静かにうなずく。

「去年のコンクールは散々だったの。本番でコントラバスがひどく乱《みだ》れて、全員のテンポもおかしくなってもうボロボロだった。結果は一番悪い銅賞《どうしょう》で、月乃《つきの》は学校に帰ってきてからも、さんざん自分のせいだって泣いてたんだけど――翌朝《よくあさ》になったら自殺してたの」

「……で、でも。それが、今日の話と、何か関係があるんですか？」

「似《に》てるのよ。月乃《つきの》のコンクール前の時のようすと、今の小和《こより》のようすがそっくりなの」

菜々美先輩《ななみせんぱい》の真剣《しんけん》なまなざしに、痛《いた》みを感じるほどにドクンと大きく心臓《しんぞう》が脈打《みゃくう》つ。

「月乃《つきの》も真面目《まじめ》だった。小和《こより》と同じで朝は一番に来て練習して、コンクールもすごく意気込《いきご》んでた。でも緊張《きんちょう》のせいか本番が近くなったら……妙《みょう》な弦《げん》の音が聞こえる、って言い出したの。そこからどんどん変になって、本番の演奏《えんそう》は完全におかしかった。だから月乃《つきの》を知る二年、三年はみんな不安なの――まるで小和《こより》が月乃《つきの》に、取り憑《つ》かれたみたいだって」

「まさか……そんな、バカなこと……」

「うん、小和《こより》が信じないならそれでいい。でもお願いだから小和《こより》は、絶対《ぜったい》に月乃《つきの》みたいにはならないでね」

翌朝《よくあさ》、私は部室に入るなりいつものように転んでいる椅子《いす》を起こした。

昨日の菜々美《ななみ》先輩《せんぱい》の話が怖《こわ》くないわけがない。部室のすぐ隣《となり》にある準備室《じゅんびしつ》で自殺した先輩《せんぱい》の霊《れい》が憑《つ》いているんじゃないか、そう言われて気にならないほど私の気は大きくはない。

だけどそれでも私が朝の練習をやめなかったのは、コンクールが近いからだ。

今日まで必死に練習してきた成果を、そんなわけのわからない理由で無駄《むだ》にはしたくない。

その一心で私は普段《ふだん》どおりどころか普段《ふだん》以上の練習をしていた。

ときおり――**ギィギィ**と、私のコントラバス以外の弦《げん》の音が聞こえてくる。それをできる限《かぎ》り気にしないようにして、私はみんなとのセッションに集中する。

だけど……どうしても、無理だった。

演奏《えんそう》中に別の弦《げん》の音が私の耳の中に侵入《しんにゅう》してきて、頭の中で別のテンポを刻《きざ》もうとする。

練習すればするほど、私のリズム感はみんなとズレていってしまう。

だから月乃《つきの》先輩《せんぱい》が取り憑《つ》いているという話を、私は徐々《じょじょ》に信じるようになっていた。

――きっと、自分がコンクールで失敗をしたから邪魔《じゃま》をしているのだ。同じコントラバス担当《たんとう》の私も失敗しろと、わざと練習できなくなるように音を出しているに違《ちが》いない。

そう考え出すと、怖《こわ》いよりも先に腹《はら》がたってしかたがなかった。逆《ぎゃく》に意地でも金賞をとって、見返してやろうという思いさえもわいてくる。

そうして毎日イライラしながら練習をする私を先輩《せんぱい》たちが見て、

「本当に、あの時の月乃《つきの》みたい……」

そんなふうにコソコソとささやき合うけれど、私はあえて無視《むし》して練習を続けた。

そして——いよいよコンクール当日。

私は自分の演奏《えんそう》に納得《なっとく》がいかないまま、本番を迎《むか》えようとしていた。

前の学校の出番が終わり、私たちの学校の番が回ってきてみんなで慌《あわ》ててセッティングを始める。バスで運んできたコントラバスとハイチェアを、私もステージの一番後ろに並《なら》べた。

観客席を見れば、薄暗《うすぐら》い中で大勢《おおぜい》の人が私たちの演奏《えんそう》が始まるのを待っている。

心配していた弦《げん》の音は、聞こえてこない。ひょっとしたら準備室《じゅんびしつ》で自殺したという月乃先輩《つきのせんぱい》は、学校でなければ邪魔《じゃま》ができないのかもしれない。

そう考えたら、すっと私の胸《むね》の中が落ち着いて急に気が楽になった。

同時にアップテンポのパーカッションの音がステージ中に鳴り渡《わた》り、課題曲が始まった。

久《ひさ》しぶりに気持ちのいい演奏《えんそう》だった。自分の演奏《えんそう》に納得《なっとく》がいくと、お腹《なか》の底から充実感《じゅうじつかん》がわき上がってくる。

課題曲を終えて額《ひたい》の汗《あせ》を拭《ぬぐ》う。立ったまま急いで自由曲の準備《じゅんび》に入ると――ガタンッ!!

壁《かべ》ぎわに立てていたハイチェアが、まるで誰《だれ》かに蹴《け》られたかのように勝手に転んだ。

本番中の出来事に部員の誰《だれ》もが血相《けっそう》を変え、倒《たお》れた椅子《いす》に目を向ける。

間違《まちが》いなくしっかり立てていたはずの椅子《いす》に、私もあわててふためき振《ふ》り向くが、

――ギィ――ギィ――ギィ――ギィ

目玉が飛び出そうなほど大きくまぶたを開いたまま、私の全身が凍《こお》りついた。

倒《たお》れた椅子《いす》の真上、うちの学校の制服《せいふく》を着た髪《かみ》の長い女子がつり下がっていたのだ。

コントラバスの弦《げん》をつなげてステージの上の梁《はり》に結び、首へと巻《ま》いて天井《てんじょう》から垂《た》れている。

そのままメトロノームのように左右にユラユラと揺《ゆ》れ、そして揺《ゆ》れて戻《もど》ってくるたびに、私の練習を邪魔《じゃま》していた弦《げん》のきしむ**ギィ**という耳障《みみざわ》りな音がした。

転ぶ椅子《いす》と、きしむ弦《げん》の音――私は、ようやく理解《りかい》した。

この首をつった女子生徒はずっと私の背後《はいご》にいて、練習の邪魔《じゃま》をしていたのだ。

あっけにとられて動きを止めた私に向け、首をつった少女の両目がかっと見開く。そして

真下でわなわなと唇《くちびる》を震《ふる》わせる私にニヤリと笑いかけた。

「いやぁぁぁっっっ!!」

コンクールの本番中にも関わらず、私は舞台《ぶたい》上で悲鳴を上げ泣き叫《さけ》んでいた。

舞台《ぶたい》上で首をつる少女の姿《すがた》は、どうやら私以外の誰《だれ》にも見えてはいなかったらしい。

つまり審査員《しんさいん》の人にも見えていなかったわけで、コンクールの結果は当然ながら失格《しっかく》。うちの高校は二年連続でコントラバス奏者《そうしゃ》の失態《しったい》によりひどい結果を残したことになる。

しかも今年は昨年の銅賞《どうしょう》よりもなお悪い結果なのだから、去年の失敗で自殺までした月乃《つきの》先輩《せんぱい》はコントラバスの弦《げん》につられながらあざ笑っているに違《ちが》いない。

「だいじょうぶだって、小和《こより》は一年なんだしさ、また来年があるから」

学校に戻《もど》ってもひどく落ち込《こ》む私を気にかけ、菜々美先輩《ななみせんぱい》が声をかけてくれる。

「でも先輩《せんぱい》は三年生だから、今年が最後じゃないですか……」

「まあね、でも結果だけじゃないよ。みんなと練習できて楽しかったし」

と言って、菜々美先輩《ななみせんぱい》は自分のスマートフォンの中の写真を私に見せてくれた。

そこには楽しそうに練習をする去年の先輩《せんぱい》たちの姿《すがた》が映《うつ》っていて——私は思わず息をのむ。

「ねえ、先輩《せんぱい》……このコントラバスを演奏《えんそう》している人って」

「ああ。その子が、小和《こより》の前にコントラバスをやっていた月乃《つきの》だよ」

……私はてっきり月乃先輩《つきのせんぱい》が邪魔《じゃま》をしているのだと、そう思っていた。でもそれは勘違《かんちが》いだったのだ。なぜなら、菜々美先輩《ななみせんぱい》の写真の中のショートヘアがよく似合《にあ》った月乃先輩《つきのせんぱい》の姿《すがた》は、私がステージの上で見た首をつった女とはまるっきり別人だったからだ。

「それじゃ……あの女は、いったい誰《だれ》なのよ……」

邪魔《じゃま》をしていたのは月乃先輩《つきのせんぱい》じゃない。昨年のコンクールで失敗をした月乃先輩《つきのせんぱい》もまた、コントラバスの弦《げん》で首をつった女に邪魔《じゃま》をされていた側だったのだ。

あとで調べてわかったのだが、吹奏楽部《すいそうがくぶ》にはコントラバスを買った記録がなければ、寄贈《きぞう》された形跡《けいせき》もない。つまりあれは、存在《そんざい》していること自体が不可解《ふかかい》なコントラバスなのだ。

その昔、月乃先輩《つきのせんぱい》よりも前にこの学校では首をつり自殺した生徒がいたという。

でも、それだってどこまで本当かわからない。ひょとしたらその人もまた同様に……。

わからないことばかりだが、しかし一つだけはっきりしていることもある。それは、私がこのままコントラバスを続けている限《かぎ》り、来年も入賞することは無理だということだ。

今朝もまた、部室の中で椅子《いす》が転び、その上からギィギィと弦《げん》のきしむ音が聞こえた。

町にひそむモノたち

あんがいフツーの町だな。というのが、最初の感想だった。

無人の改札を抜《ぬ》けて駅を出ると、そこには観光案内所もお店もなかった。タクシー乗り場とは名ばかりで、実際《じっさい》には一台も車は停《と》まっていない。よくある田舎《いなか》の駅前だ。

「衣里《えり》、いるのかな」スマホの地図アプリをのぞきながら美千香《みちか》がつぶやいた。

「うん……」と、私はあいまいに首を振《ふ》る。

「久《ひさ》しぶりに帰省してくる」と言ったきり、衣里《えり》はもう二か月も私たちの前に姿《すがた》を見せていなかった。それきり、ケータイにも出ないし、下宿に帰った形跡《けいせき》もない。本格的《ほんかくてき》に単位がヤバいのに、どうするつもりなんだろう？　不安に駆《か》られて、でも衣里《えり》の実家の連絡先《れんらくさき》も知らない私たちは、思い切って衣里《えり》の実家があるという町までやってきたのだった。

わざわざ友人の実家を探《さが》し出そうなんて探偵《たんてい》でもないのに、大げさすぎるかなとも思ったけれど、今回の冒険《ぼうけん》はきっとすぐ笑い話になる。そんな気がしていた。

でも実際《じっさい》、こうして町を歩き始めると、田舎《いなか》とはいえやっぱり家はあちこちにあって、ここから衣里《えり》の実家を見つけ出すのは至難《しなん》の業《わざ》、というより無理だと気がついた。

「宿で聞いてみるしかないね……」と美千香《みちか》がリュックを背負《せお》い直した。

民宿は、電話で予約した時「駅前にありますよ」と言っていたくせに、改めて地図で確認《かくにん》してみたら駅から四キロメートルも離《はな》れていた。私たちはそこを目指すことにした。

初めて町の人と出会ったのは、駅前の通りから県道に突《つ》き当たった角でのことだった。

しかし、その老人が本当に町の「人」だったのか、私にはよくわからない。

それは、異様《いよう》な姿《すがた》だった。性別《せいべつ》のわからないその老人は、顔の上半分を黒い布《ぬの》で覆《おお》っていた。口元では上下の唇《くちびる》が凧糸《たこいと》のようなもので縫《ぬ》い合わされている。開くことのできない口をギシギシ鳴らしてしきりに何かつぶやいているが、もちろん聞き取れない。

あまりのおぞましさに、私は血の気《け》が引くのを感じた。美千香《みちか》の顔を見ると、表情《ひょうじょう》をこわばらせている。

「美千香《みちか》、行こ」と、私は友人の腕《うで》をつかんだ。コレはダメだ。コレと関わり合っちゃダメだ、とハッキリ感じた。なのに、引っぱろうとしたら美千香《みちか》が抵抗《ていこう》する。

「あの」と首をひねって、その老人に話しかけた。

「大丈夫《だいじょうぶ》ですか？」大丈夫《だいじょうぶ》とか、そういう問題じゃないだろう。「私たち、山科《やましな》さんっているお宅《たく》を探《さが》しているんですけど」

ブツブツつぶやいていたのがピタリ、と止まり、顔をこちらに向ける。

「ワシが、見えるのか」唇《くちびる》に縫《ぬ》いつけられた糸をミシリ、と鳴らして老人が言った。

「そりゃ、見えますよ」

そう美千香《みちか》が応《おう》じると、老人は小さく首をかしげ、美千香《みちか》の顔をじっとのぞき込《こ》んだ。いや、もちろん老人の目は黒い布《ぬの》で隠《かく》れていたから、本当に「のぞき込《こ》んだ」のかどうか、私たちには判断《はんだん》できなかった。でも、その後に老人が笑うのは、妙《みょう》にハッキリ見えた。

縫《ぬ》い合わせた糸の向こうに見える、茶色く汚《よご》れた数本の歯。

ムリヤリ笑っているせいで、唇《くちびる》が引っぱられて糸のところで小さく血がにじんでいる。

「美千香《みちか》！　行くよ！」

私は大きな声をあげて、友人の腕《うで》を強く引いた。今度は美千香《みちか》も抵抗《ていこう》しなかった。

老人から逃《のが》れるように県道を歩き始めて、すぐに私たちは気がついた。

この町は「フツーの町」なんかじゃない。

顔の上半分を黒い布《ぬの》で覆《おお》い、唇《くちびる》を縫《ぬ》い合わせた「異形《いぎょう》のモノ」は、さっきの老人だけじゃなかった。コンビニの駐車場《ちゅうしゃじょう》だとか電柱の陰《かげ》など、あちこちに老若男女《ろうにゃくなんにょ》さまざまな「異形《いぎょう》のモノ」がたたずんでいた。それだけでも不気味だが、もっとおかしいのは町の人々だ。

この町の住人は、この「異形《いぎょう》のモノ」を誰《だれ》も相手にしていない。耳に息がかかるくらいすぐ近くで何かささやかれているのに、まるでそれが存在《そんざい》していないかのように眉《まゆ》一つ動かさずに買い物を続けている。「異形《いぎょう》のモノ」とぶつかっても町の人は謝《あやま》らない。

これってもしかしたら「相手にしていない」のではなく、そもそも見えていないんじゃないか？　そう思い至《いた》ったとき、急に美千香《みちか》が「あ」と立ち止まった。とある民家の表札を指さしている。そこには「山科《やましな》」と記されていた。

「この家じゃない？」と美千香《みちか》。

「うん」

この辺りには「山科《やましな》」という名字の家が何軒《なんけん》もある、っていう展開《てんかい》なんじゃないか、と不安に思いながら、「すみませーん！」と私は玄関《げんかん》の奥《おく》に呼《よ》びかけた。

すぐに「はーい」と明るい返事。奥《おく》から現《あらわ》れた女性《じょせい》は、私たちを見比《みくら》べて「どなた？」と首をかしげた。その左右の目の大きさが違《ちが》うところが、衣里《えり》によく似《に》ている。

「すみません、こちらは衣里《えり》さんのお宅《たく》ですか？」と問うと、女性《じょせい》はキョトンとした顔のまま「はい、そうですけど」と答えた。やはり、衣里《えり》の母親らしい。

「私たち、衣里《えり》さんの大学の友人で」美千香《みちか》が早口で説明すると、女性《じょせい》はようやく表情《ひょうじょう》をやわらげて「まあ、娘《むすめ》の」と、こちらに駆《か》け寄《よ》った。

それを追うように、家の奥《おく》からもう一つ物影《ものかげ》が現《あらわ》れた。

顔を黒布《くろぬの》で覆《おお》った「異形《いぎょう》のモノ」。

さっきの老人とは違《ちが》って、今度のモノは若《わか》い。

「衣里《えり》のために、わざわざ来てくれたのね」と衣里《えり》の母親が膝《ひざ》をつく。

その耳元に、例のモノが顔を寄《よ》せる。ミシリミシリと糸を鳴らしながら、つぶやく。

「追い返して……この人たちを、追い返して……」

その声が聞こえていたのだろうか？　突然《とつぜん》、にこやかに話していた衣里《えり》の母親の表情《ひょうじょう》から笑《え》みが消えた。

「早く帰りなさい」言い放つ声に、体温が感じられない。

「むやみに知らない町を歩いていると、見えちゃいけないモノが見えてしまうわよ」

そこまで言ったところで、衣里《えり》の母親はふっと目が覚めたみたいな顔になった。

「衣里《えり》も久《ひさ》しぶりに町へ帰ってきたと思ったら」とつぶやいて黙《だま》ってしまったが、またこちらへ顔を向け、「ねえ。本当に見えるの？　ここにもなにか、いる？」と問いかけてきた。

それをさえぎるように、異形《いぎょう》のモノが「見えるって言うな！」と叫《さけ》んだ。唇《くちびる》を縫《ぬ》い合わせた紐《ひも》が、ブツン！　と一か所ちぎれ、その瞬間《しゅんかん》、あごの先に小さなホクロが見えた。

そのとたん、美千香《みちか》が悲鳴をあげた。私の手を引いて駆《か》け出す。

「今のアレ！」と友人が涙声《なみだごえ》で言った。「アレ、衣里《えり》だった！」

「うん……」と、私は首をタテに振《ふ》った。美千香《みちか》にも、あのホクロが見えたのだろう。


それから、私たちは魂《たましい》を抜《ぬ》かれたような心地《ここち》で町を歩いた。

もう、宿に泊《と》まる理由はないし、そうしたいとも思わなかった。衣里《えり》の母親の忠告《ちゅうこく》どおり、早く帰ろう。私と美千香《みちか》はそう語り合って、歩いてきた道を戻《もど》りはじめた。

そのまま駅までまっすぐ行きたかったけれど、最初に出会った「異形《いぎょう》のモノ」——突《つ》き当たりに立っていた老人と再会《さいかい》するのがイヤで、私たちは少し遠回りすることに決めた。

県道を、駅の手前で曲がった暗い路地。

町の郷土資料館《きょうどしりょうかん》は、そんなところに建っていた。

「ちょっとだけ見ていこうか」と美千香《みちか》が言った。

「そうだね」私は時刻表《じこくひょう》を確認《かくにん》しながら答えた。「電車、あと三十分くらい来ないし」

衣里《えり》を助けられなかった。そんな罪悪感《ざいあくかん》が深く澱《おり》のように心に積もっていく。どうしようもなかったんだ、っていうことは理解《りかい》していたけれど、まっすぐ駅に戻《もど》って電車に乗って帰るのは何だか薄情《はくじょう》に感じられた。もちろん、町の郷土資料館《きょうどしりょうかん》に入ったからといってそういう気持ちが解消《かいしょう》されるわけはないんだけど、私たちは最後に寄《よ》り道をした。

町の地形、歴史、産業など、建物の中ではありきたりな資料《しりょう》が展示《てんじ》されていた。イラストやクイズ、模型《もけい》といった、客を引きつけるような演出《えんしゅつ》は一切《いっさい》ない。あと五分もいれば充分《じゅうぶん》だろう。腕時計《うでどけい》を見ながらそんなことを考えていたら、展示室《てんじしつ》の奥《おく》で「いやあーっ!」という悲鳴が響《ひび》いた。

「美千香《みちか》!　どうしたの!?」

美千香《みちか》は床《ゆか》に座《すわ》り込《こ》んでいた。周囲に「異形《いぎょう》のモノ」はいない。私の質問《しつもん》に答えず、彼女はガクガクと震《ふる》えていた。震《ふる》えながら、正面の資料《しりょう》を見つめている。その視線《しせん》につられて、私は「伝承《でんしょう》」と書かれたパネルの説明文を振《ふ》り返った。そこには、こう書かれていた——。

この世には、人々の意思を操《あやつ》る死霊《しりょう》がいる。ふつう、この死霊《しりょう》を見ることはできないが、よそ者には見えることがあるらしい。また、よそ者でなくても、故郷《こきょう》の村や町から心が離《はな》れていたり、村や町のしきたりに疑問《ぎもん》を持つようになると、この死霊《しりょう》が見えるようになる。

もし万が一、こうした死霊《しりょう》を見たとしても、決して「見える」と言ってはいけない。死霊《しりょう》は、自分たちの存在《そんざい》を感じ取った者を、仲間に引き入れようとするからだ。

私は、友人の手をつかんで走っていた。

美千香《みちか》は「そりゃ、見えますよ」と「異形《いぎょう》のモノ」に返事していた。だから、私たちは一《いっ》刻《こく》も早くこの町を出なければならない……。

急速に暗くなっていく町の奥《おく》に、駅の灯《あか》りが見えた。

「まもなく2番線に、上り電車が参ります」というアナウンス。

プラットフォームに駆《か》け込《こ》むと、息を切らしながら、私たちは遠くに電車のヘッドライトが光るのを見つめた。「助かった」と思った。

「あの子、ずっと海外で仕事をしたいって言ってた」と美千香《みちか》がつぶやいた。「だから、衣《え》里《り》には見えちゃったんだね……」

「たぶん――」と返事をしようとした時だった。いきなり美千香《みちか》の顔を黒い布《ぬの》が覆《おお》った。

「異形《いぎょう》のモノ」！　いつの間に！

「ぎゃあぁーっ」と暴《あば》れる友人の唇《くちびる》を、「異形《いぎょう》のモノ」が物凄《ものすご》い早さで縫《ぬ》い合わせていく。

「んーッ！」と救いを求める美千香《みち》《か》の手が、こちらにのびた。

それにつられるように「異形《いぎょう》のモノ」がこちらを振《ふ》り向く。布《ぬの》ごしに、鋭《するど》い視線《しせん》を感じる。

「見える……のか……？」糸をきしませながら、そうつぶやくのが聞こえた。

私は、動けなかった。「異形《いぎょう》のモノ」の後ろで、美千香《みちか》がゆっくりと立ち上がる。

「見えて……いるんだろう？」と、「異形《いぎょう》のモノ」。

私は「美千香《みちか》」と、友人を呼《よ》ぼうとした。しかし、それより先に美千香《みちか》が「見えるっていうな！」と叫《さけ》ぶ。

電車がプラットフォームに滑《すべ》り込《こ》んできた。シューッと音をたてて、ドアが開く。

「美千香《みちか》、衣里《えり》」と私は心の中でつぶやいた。

「ごめんなさい！　ごめんなさい！　ごめんなさい……」

そういう体験をしたせいだろうか。
春休みになって実家に帰省したら、町に恐《おそ》ろしいモノが見えるようになった。
本当は、きっと昔からいたのだろう。
顔の上半分に板を打ちつけ、口に藁《わら》を詰《つ》め込《こ》んだ「異形《いぎょう》のモノ」。
それが、ボロボロと藁《わら》をこぼしながら、今も私の耳元でささやいている。
「この町で暮《く》らし、この町で死になさい」
何年も前に亡《な》くなった、おばあちゃんの声。
私は、聞こえないフリをする。

草《く》笛《さぶえ》亜《あ》沙《さ》美《み》はなぜ幽《ゆう》霊《れい》になったのか

——草笛亜沙美《くさぶえあさみ》。

林郁哉《はやしふみや》は、大学図書館のパソコンを使って新聞記事の全文検索《けんさく》のページで、この名前を入力してみた。

けれども、それに該当《がいとう》する記事は一件《けん》もなかった。

雑誌《ざっし》、インターネット上のニュース。どこを探《さが》しても、この名前は見当たらない。

三時間ほど図書館の中で資料《しりょう》を調べ回って疲《つか》れ果てた郁哉《ふみや》は、閲覧室《えつらんしつ》の椅子《いす》にどっかりと腰《こし》をおろした。

「どうも、すみません……ご迷惑《めいわく》をおかけしてしまって」

亜沙美《あさみ》はそう言って、ぺこぺこと頭を下げた。

普通《ふつう》であれば、静かな図書館内で声を出すことは控《ひか》えるべきだ。けれども、亜沙美《あさみ》には関係がない。

なぜなら……彼女は、幽霊《ゆうれい》だからだ。

草笛亜沙美《くさぶえあさみ》はなぜ幽霊《ゆうれい》になったのか？

その答えを探《さが》し出すのが、今、郁哉《ふみや》が与《あた》えられている仕事なのである。


郁哉《ふみや》の祖父《そふ》の家に亜沙美《あさみ》が現《あらわ》れたのは、一週間前のことだったそうだ。

彼の祖父《そふ》は、数百年と続く小さな寺の住職《じゅうしょく》をしている。

その寺は先祖《せんぞ》代々、除霊師《じょれいし》が住職《じゅうしょく》をしていることで知られていた。そのためか今は観光地にまでなってしまったが、こうして幽霊《ゆうれい》が寺を訪《たず》ねてくることは珍《めずら》しいことではない。

郁哉《ふみや》の父は除霊《じょれい》の才能《さいのう》がなかったため、祖父《そふ》から追われるように実家を出て、転勤族《てんきんぞく》のサラリーマンになった。一方の郁哉《ふみや》は、学校が休みの時期には毎年のように祖父《そふ》の寺に行っていて、幽霊《ゆうれい》を目にしていた。だから、見慣《みな》れている。幽霊《ゆうれい》を怖《こわ》いとすら思ったこともない。

祖父《そふ》が言うには、父と違《ちが》って郁哉《ふみや》には、除霊《じょれい》の才能《さいのう》があるのだそうだ。

たいていの幽霊《ゆうれい》は、祖父《そふ》が一人で除霊《じょれい》している。だから、郁哉《ふみや》のところに突然《とつぜん》、祖父《そふ》が幽《ゆう》霊《れい》を連れてくるなんて、異例《いれい》中の異例《いれい》だった。

——この事件《じけん》はきっと、郁哉《ふみや》に向いていると思ってな。

祖父《そふ》は大学の近くにある郁哉《ふみや》のアパートまでわざわざ亜沙美《あさみ》を連れてきて、ニヤニヤと含《ふく》みのある笑《え》みを浮《う》かべながら言った。

新幹線《しんかんせん》で席をわざわざ二人分確保《かくほ》して、その一つに亜沙美《あさみ》を座《すわ》らせてきたのだという。

なかなかにシュールだと、郁哉《ふみや》は思った。

さぞかし車掌《しゃしょう》や周囲の乗客には、変な目で見られていたことだろう。なぜなら、祖父《そふ》や郁《ふみ》哉《や》以外の人間には、幽霊《ゆうれい》の姿《すがた》は見えないのだから。

亜沙美《あさみ》の除霊《じょれい》を押《お》しつけられたことは、すぐにわかった。

祖父《そふ》が言うには、幽霊《ゆうれい》を成仏《じょうぶつ》させるためには、まずその幽霊《ゆうれい》が死んだ原因《げんいん》を探《さが》し当てないといけないのだという。それは、亡《な》くなる原因《げんいん》とこの世への未練や執着《しゅうちゃく》が、だいたいのケースでセットになっているからだ。

突然《とつぜん》の事故《じこ》や、事件《じけん》。

幽霊《ゆうれい》になるような人間たちは、多くの場合そういったものに巻《ま》き込《こ》まれている。

だから、調べてみると、亡《な》くなる直前に新聞沙汰《ざた》になっていたりする。その原因《げんいん》を突《つ》き止めて恨《うら》みを晴らす方法を教えてあげると、たいていの幽霊《ゆうれい》は成仏《じょうぶつ》する。

けれども亜沙美《あさみ》の場合、どうしても幽霊《ゆうれい》になったきっかけが見つからなかった。それで祖《そ》父《ふ》は、自分で調べるのが面倒《めんどう》になったのだろう。

――報酬《ほうしゅう》は、着手金四万円、半年間仕送り一万円増《まし》でどうだ？　あと、どうせ大学三年になっても、彼女いないんだろう？　だったら、この仕事が成功した暁《あかつき》には、こっちの女の子一人や二人、紹介《しょうかい》してやってもいいぞ。どうせ郁哉《ふみや》は、大学を卒業したらこっちに戻《もど》って、寺を継《つ》ぐんだからな。今からでも少しくらい、除霊《じょれい》の修行《しゅぎょう》をしておいたほうがいいだろう。

ガハハと笑いながら向けられた祖父《そふ》による同性《どうせい》セクハラと、選択肢《せんたくし》も与《あた》えられず勝手に将来《しょうらい》を決めつけられたことに、郁哉《ふみや》がイラッとしたのはたしかだ。

けれども、総額《そうがく》十万円の臨時収入《りんじしゅうにゅう》というのは悪くない。それで亜沙美《あさみ》の調査《ちょうさ》を引き受けることにした。けれども、後悔《こうかい》するまでに一日もかからなかった。


「……えっと、草笛《くさぶえ》さん。何か、覚えていることはないですか？　たとえば、亡《な》くなる直前のこととか」

大学図書館に併設《へいせつ》されているカフェに向かい合って座《すわ》り、郁哉《ふみや》は亜沙美《あさみ》にたずねてみた。

わざわざコーヒーを二つ買って、一つは彼女の前に置いた。どうせ飲めないのだけれど、せめて気分だけでも二人で話している雰囲気《ふんいき》がほしい。亜沙美《あさみ》がそう言ったからだ。

周囲の人たちが、チラチラとこちらを見ているのがわかる。無理もない。端《はた》から見れば、テーブルの上にコーヒーを二つ置いて、一人でしゃべっているように見えるのだ。

それでも郁哉《ふみや》としては、同じくらいの年ごろの女の子と向かい合っている感じなので、悪い気はしなかった。

「すみません。私、ぜんぜん覚えてなくて」

亜沙美《あさみ》はやっと郁哉《ふみや》の耳に届《とど》くくらいの声で言って、下を向いた。

「あっ、気にしないでください。そういうことのほうが多いんで」郁哉《ふみや》は慌《あわ》てて彼女の言葉を打ち消して、続けた。「人間の記憶《きおく》のほとんどは脳《のう》に蓄積《ちくせき》されているんで、亡《な》くなる時に忘《わす》れてしまうんです」

「そうなんですか……」

「けれども、誰《だれ》かへの怨念《おんねん》や、強い気持ちは、魂《たましい》そのものが覚えているんですよ。だから、亡《な》くなるときに強く想《おも》っていることがあれば、普通《ふつう》は覚えているんですが……」

郁哉《ふみや》は亜沙美《あさみ》にチラリと目を向けた。

いつも上目遣《うわめづか》いにこちらをうかがうように見ている、おとなしい女性《じょせい》。そんな彼女が、亡《な》くなる直前に強い執着《しゅうちゃく》を抱《いだ》くというのは、あまり想像《そうぞう》ができなかったのだ。

いったいなぜ、彼女は幽霊《ゆうれい》になったのか……。

「とりあえず、まずは亡《な》くなった現場《げんば》を突《つ》き止めましょう。自宅《じたく》の近くなら、生前の亜沙美《あさみ》さんのことを知っている人もいるかもしれませんし」

「……ありがとうございます。郁哉《ふみや》さん、真面目《まじめ》で優《やさ》しいんですね」

「どうなんでしょう……まあ、凝《こ》り性《しょう》ではあります」

郁哉《ふみや》は曖昧《あいまい》に返事をした。

自分としては、大学を卒業したら祖父《そふ》の寺に行くのではなく、そのまま大学院に進学して民俗学《みんぞくがく》の専門家《せんもんか》になりたいと考えている。気になることがあったら、調査《ちょうさ》をしないと納得《なっとく》できない。そんな話をしたところ、大学の先生に進学を勧《すす》められたからだ。

「私なんかのために一生懸命《けんめい》になってくれるなんて、うれしいです」

亜沙美《あさみ》はそう言って、はにかんだ。


亜沙美《あさみ》の自宅《じたく》がようやくわかったのは、それから十日後のことだった。

情報源《じょうほうげん》は、意外なところだった。

「……はぁ？　アンタ、亜沙美《あさみ》ちゃんのこと忘《わす》れてたの!?」

「だって、保育園《ほいくえん》のころだし……」

「マジで信じらんない！　あんなに亜沙美《あさみ》ちゃんと仲良くしてたのに‼」

母から預《あず》けられた荷物を届《とど》けにアパートまでやってきた姉の穂乃佳《ほのか》は、眉間《みけん》にしわを寄《よ》せて郁哉《ふみや》を叱《しか》った。

三日後に姉から送られてきた写真。そこには、保育園《ほいくえん》に通っていたころの郁哉《ふみや》と、黒い髪《かみ》を背中《せなか》のあたりまで長く伸《の》ばした女の子が写っていた。

「まさか……これが、亜沙美《あさみ》さん」

郁哉《ふみや》は大きく目を見開いて、部屋に居候《いそうろう》している亜沙美《あさみ》を見た。

たしか保育園《ほいくえん》のころは、父の転勤《てんきん》のために、今通っている大学の近くに住んでいた。大学をここに決めたのも、実家から離《はな》れていてなおかつ土地勘《とちかん》があるところだから選んだのだ。

亜沙美《あさみ》もようやく、思い出したらしい。

「……これ、郁哉《ふみや》くん？　だったら私たちって、幼《おさな》なじみだったんだ」

写真を眺《なが》めながら、呆然《ぼうぜん》としたようすで漏《も》らすように声を出していた。

「この近くに僕が住んでいた時は、毎日、一緒《いっしょ》に遊んでいたんだって」

郁哉《ふみや》の言葉に、亜沙美《あさみ》は返事をしなかった。

何かじっと考え込《こ》むように、下を向いている。

「……亜沙美《あさみ》さん？」

郁哉《ふみや》は、声をかけた。

すると亜沙美《あさみ》は顔を上げニッコリと郁哉《ふみや》に向かって、

「私、幽霊《ゆうれい》になった理由、わかったかも」と、おだやかに微笑《ほほえ》みかけた。

＊　＊　＊

およそ一か月後。

姉の穂乃佳《ほのか》は、郁哉《ふみや》のアパートを再《ふたた》び訪《おとず》れた。

最近、郁哉《ふみや》と連絡《れんらく》がとれない。だから、ようすを見に行ってほしい。

スマートフォンのアプリに母親からそんなメッセージが届《とど》き、しかたなくやって来た。

アパートに着くと、穂乃佳《ほのか》はぎょっとした。郵便受《ゆうびんう》けには、大量の郵便物《ゆうびんぶつ》が詰《つ》まっていたのだ。

穂乃佳《ほのか》は慌《あわ》てて階段《かいだん》を駆《か》け上がる。

三階にある三〇四号室の前に立ち、合い鍵《かぎ》をドアに差し込《こ》む。

勢《いきお》いよく扉《とびら》を開いた、その向こう。

その異様《いよう》な雰囲気《ふんいき》に、穂乃佳《ほのか》はゴクリと息をのんだ。

部屋の真ん中には、別人のようにやせ細った郁哉《ふみや》がいた。

落ちくぼんだ目は虚《うつ》ろで、ぶつぶつと何かをつぶやいている。

郁哉《ふみや》にもたれかかるようにして、ぼんやりと、亜沙美《あさみ》の姿《すがた》があった。

「……あ、お姉さん」

穂乃佳《ほのか》が来たことに気がついたらしい。亜沙美《あさみ》は、顔だけをこちらに向けて、

「……私、ぜんぶ思い出したんです」と、低い声で続けた。「もう……ぜったい、郁哉《ふみや》くんを離《はな》さない」

そう言って、郁哉《ふみや》の首に両腕《りょううで》をからめた。

「……なあ、穂乃佳《ほのか》」

不意に背後《はいご》から声をかけられ、穂乃佳《ほのか》の心臓《しんぞう》はドキリと高鳴った。

おそるおそる、後ろを振《ふ》り返る。

そこには、三年前に亡《な》くなったはずの祖父《そふ》が、ぼんやりと立っていた。

「おじいちゃん……」

穂乃佳《ほのか》は目を見開いて、二歩、三歩、後ずさった。

祖父《そふ》は、ニヤリと笑って言った。

「……郁哉《ふみや》なら寺を継《つ》いでくれると思ったんだが………アイツはダメだ。俺が死んだと言う知らせさえまともに読まなかったし、葬式《そうしき》にも来なかった。亜沙美《あさみ》ちゃんを連れてきて試してみたら、逆《ぎゃく》に取り憑《つ》かれてしまってこのザマだよ」

祖父《そふ》はがっくりと肩《かた》を落とし、大きく息を吐《は》いた……ように見えた。

けれども、息など吐《は》くはずはないのだ。目の前にいる祖父《そふ》はもう、この世に存在《そんざい》していないのだから。

「なあ、穂乃佳《ほのか》。亜沙美《あさみ》ちゃんと俺が見えるんだろう？　お前ならきっと、寺を継《つ》げると思うんだ。……だから、彼を預《あず》けてもいいかな」

祖父《そふ》が言うと、背後《はいご》からもう一体、幽霊《ゆうれい》が出てきた。

それは、亜沙美《あさみ》を連れて無理心中したという、彼女の兄——和彦《かずひこ》の幽霊《ゆうれい》だった。

「穂乃佳《ほのか》は、和彦《かずひこ》くんと仲が良かっただろう？　お前も俺の葬式《そうしき》にも来なかった薄情《はくじょう》なヤツだが、お前ならきっと、彼を成仏《じょうぶつ》させてあげられると思うんだ」

そう言って、祖父《そふ》はニヤリと笑った。

和彦《かずひこ》が一歩前に出て、手を差し出す。

「久《ひさ》しぶりだね、穂乃佳《ほのか》ちゃん。……また、よろしく。昔みたいに、仲良くしてくれるとうれしいな」

和彦《かずひこ》はそう言って、祖父《そふ》と同じようにニヤリと笑った。

「……私が、除霊《じょれい》する………の？」

穂乃佳《ほのか》の足がガクガクと震《ふる》え出し、その場に立ちすくむしかなかった。

こっくりさん症候群《しょうこうぐん》

「『こっくりさん、こっくりさん。どうかおいでください。おいでになりましたら『はい』へとお進みください』」

誰《だれ》もいない放課後の教室で、私は杏里《あんり》と一緒《いっしょ》に机《つくえ》の上の十円玉に指をそえていた。

十円玉の下に置かれたＡ３サイズの紙には五十音と数字、それから『はい』『いいえ』、そして神様の通り道である鳥居《とりい》のマークが書かれている。

こっくりさん——何十年も前に日本中でブームになった降霊術《こうれいじゅつ》の一つだ。呼《よ》び出した霊《れい》に質問《しつもん》をして、生きた人間にはわからないことなどを教えてもらう。

こっくりさんは低級霊《ていきゅうれい》を呼《よ》び出すから危険《きけん》——そんなふうにも言われていて『エンジェルさん』『守護霊《しゅごれい》様』といった似《に》た方法もあるが、でもその全てに共通することがある。

——ルールを守らずに途中《とちゅう》でやめてしまった人は、絶対《ぜったい》に低級霊《ていきゅうれい》から祟《たた》られる。

必ず霊《れい》に祟《たた》られるとか、そんなのは想像《そうぞう》しただけで私は怖《こわ》くて泣きそうになってしまう。

そんな怖《こわ》がりの私が、どうして今こっくりさんをやっているのかというと、ひとえに小学校の時からの友達である杏里《あんり》に無理やり誘《さそ》われたからだった。

「……ねぇ、もうやめて帰ろうよ」

「ダメ、まだこっくりさん来てないじゃん。柚希《ゆずき》はもっと集中して、もう一回やるよ」

杏里《あんり》ににらまれて、また最初から「こっくりさん、こっくりさん、おいでください」と呼《よ》びかけ始める。

こんなことを続けてもう三十分、さっさとやめたい私は適当《てきとう》に声を合わせるが……、

——ズズッ、ズズズッ。

何十回目かの呼《よ》びかけで、私と杏里《あんり》が指を置いた十円玉がゆっくり動き出し『はい』へとひとりでに移動《いどう》した。

ゾッとして息をのむ私とは対照的《たいしょうてき》に、杏里《あんり》は口元をほころばせてすぐに質問《しつもん》をする。

「こっくりさん、教えてください。——坂本君《さかもとくん》が好きな人は誰《だれ》ですか?」

意中の人らしい坂本君《さかもとくん》が誰《だれ》を好きなのか、それを知りたくて杏里《あんり》は私をこっくりさんに巻《ま》き込《こ》んでいるのだから、いつもながらそのわがままな性格《せいかく》にはため息が出る。

杏里《あんり》の質問《しつもん》に答えるよう、十円玉はズリズリと紙の上を這《は》い回って、

『ろくしまてかえるな』

つづられた文字は、まるっきり回答になっていない言葉だった。

「……なにこれ、意味わかんない」

杏里《あんり》がイラっとして舌《した》を打つ。坂本《さかもと》君が好きな人は誰《だれ》か、もう一度こっくりさんに尋《たず》ねてみるも答えは変わらない。杏里《あんり》が不機嫌《ふきげん》になっていくのが、手に取るようにわかった。

「もういい、帰ろう」

こっくりさんに帰ってもらう手順を無視《むし》して、杏里《あんり》がいきなり十円玉から指を離《はな》す。

「ちょ、ちょっと、途中《とちゅう》でやめたらヤバイよ。祟《たた》られちゃうって！」

「バカみたい。質問《しつもん》にも答えられないようなこっくりさんなんて、何もできないわよ」

と私を置き去りにして、杏里《あんり》は一人でさっさと教室を出ていってしまう。

しかたなく私も、こっくりさんを呼《よ》び出す紙と十円玉をカバンにしまって杏里《あんり》を追った。

「柚希《ゆずき》ってさ、ほんと怖《こわ》がりだよね」

先に校門に向かって歩きつつ、振《ふ》り向いた杏里《あんり》が声を上げて私を笑う。

さすがにムッとなって言い返そうとするが、

——ドンッ!!

杏里《あんり》が校門を出た瞬間《しゅんかん》、横から猛《もう》スピードで走ってきた車と一緒《いっしょ》に一瞬《いっしゅん》で杏里《あんり》の姿《すがた》が視界《しかい》から消え、私の口は開けたままその場で固まってしまった。

わずかな間の後、柔《やわ》らかい何かが固い地面に落ち、グシャリと潰《つぶ》れる音がした。

『ろくしまてかえるな』――六時まで、帰るな。

さっきのお告げを思い出し、怖々《こわごわ》と見上げた校舎《こうしゃ》の時計は五時五九分を指していた。


翌々日《よくよくじつ》は杏里《あんり》のお通夜《つや》で、その次の日は杏里《あんり》のお葬式《そうしき》だった。

でも友達との最後の別れであるはずなのに、私はどちらにも参列できなかった。

杏里《あんり》の遺体《いたい》が納《おさ》まった棺桶《かんおけ》を見れば、人の体がねん土細工《ざいく》のようにくの字にひしゃげてボンネットにはりつき、そのまま暴走《ぼうそう》する車ごと視界《しかい》から消えた瞬間《しゅんかん》をまざまざ思い出す。

杏里《あんり》には悪いけれど、それが怖《こわ》くてたまらない。だけど友達の葬式《そうしき》にも行けない臆病《おくびょう》な自分も嫌《いや》で、部屋のベッドに潜《もぐ》ってぐじぐじとずっと泣いていたら、

「……柚希《ゆずき》…………」

泣き疲《つか》れて寝《ね》てしまっていた私は、誰《だれ》かに呼《よ》ばれた気がしてはっと目を覚ました。

でも部屋の中は暗くて、まだ真夜中だ。私しかいない部屋の中で、誰《だれ》かが名前を呼《よ》ぶわけがない。「夢《ゆめ》よね……」とつぶやいて、再《ふたた》び目を閉《と》じようとするが、

「――なんで、柚希《ゆずき》だけが助かってんのよ」

血の気を感じない杏里《あんり》の顔が、枕元《まくらもと》からぬっと現《あらわ》れ私の顔をのぞき込《こ》んできた。

鼻が触《ふ》れそうな距離《きょり》から私をにらみつける、死んだ杏里《あんり》の顔に私の呼吸《こきゅう》が止まる。

「柚希《ゆずき》だけ助かるなんて許《ゆる》さないから、あんたも絶対《ぜったい》に同じ目に合わせるから」

顔色は青いのに中は血のように赤い口を開け、杏里《あんり》がゲラゲラと笑う。

そのあまりの恐《おそ》ろしさに、私は悲鳴を出すこともできず気を失っていた。


目を覚ました時は、もう朝だった。起きるなり昨晩《さくばん》の杏里《あんり》の言葉を思い出し震《ふる》え上がる。

杏里《あんり》は私が事故《じこ》に遭《あ》わなかったのが、納得《なっとく》いかないらしい。でもそれは、逆恨《さかうら》みだ。こっくりさんのお告げを無視《むし》して〝六時前に帰った〟のは、杏里《あんり》自身の責任《せきにん》だ。

でもわがままな杏里《あんり》は、やると言ったらやる――その日、私は怯《おび》えながら登校をした。

すると車の行き交《か》う大きな通りの交差点で、おぞましいものに気がついた。

反対側の歩道の『止まれ』の標識《ひょうしき》の陰《かげ》から、顔を半分出した杏里《あんり》が私を見ていたのだ。

生きた人間には無理な高さに浮《う》いた杏里《あんり》の青い顔に、道行く人は誰《だれ》も気がつかない。

でも私にだけは、交差点の前で舌《した》なめずりをする杏里《あんり》の顔がはっきりと視《み》えていた。

歩道の信号が青に変わるなり、杏里《あんり》の口元だけが三日月のようにニタリと笑う。

いつの間にか呼吸《こきゅう》が荒《あら》くなっていた私は、わざと交差点に一歩を踏《ふ》み出すふりをして——

とたんに目の前を、信号無視《むし》をした車が猛《もう》スピードでビュンと走り抜《ぬ》けていった。

予想どおりの展開《てんかい》に私は悲鳴を上げ、交差点に背《せ》を向けて来た道へと逃《に》げ出した。

——その後、どうやって学校までたどり着けたのかはあまり覚えていない。

今度は刻々《こくこく》と下校の時間が近づいてくる。きっと杏里《あんり》は帰りも待ち構《かま》えているだろう。自分だけが死んだことを逆恨《さかうら》みして、私も車にひかせようと企《たくら》んでいるに違《ちが》いない。

嫌《いや》だ、死にたくない。殺されたくない。どうしたら助かるのか誰《だれ》か教えてよ——と、帰れずに自分の席で泣いていたら、ふとあることが私の頭の中にひらめいた。

誰《だれ》もいなくなった教室で、私はあの日からカバンにしまったままだったこっくりさんを呼《よ》び出す台紙を急いで机《つくえ》の上に広げ、十円玉を鳥居《とりい》の場所に置いて指を添《そ》える。

「こっくりさん、こっくりさん。どうかおいでください。おいでになりましたら『はい』へとお進みください」

そう、どうすれば杏里《あんり》に殺されずに帰れるか、こっくりさんに教えてもらえばいいのだ。

あの日『六時まで帰るな』とお告げをしてくれたこっくりさんなら、きっと無事に帰れる

方法だって教えてくれるに違《ちが》いない。そして動きだした十円玉がつづった文字は、

『うらもんからかえれ』——裏門《うらもん》から帰れ。

試しに教室の窓《まど》から正門を見下ろすと、校門の陰《かげ》で杏里《あんり》が身を潜《ひそ》めているのが視《み》えた。

「ありがとうございます！　こっくりさん」

お礼を言ってちゃんとこっくりさんに帰ってもらうと、私は急ぎ校舎《こうしゃ》を出る。杏里《あんり》が待ち構《かま》える正門を避《さ》け裏門《うらもん》から出ると、そのまま何事もなく家まで帰り着くことができた。

それから私の朝は、毎日こっくりさんのお告げを聞くことから始まるようになった。

「こっくりさん、今日はどうやって学校に行ったらいいでしょうか？」

——『歩道橋を渡《わた》れ』『八時までに登校しろ』『バイクに近づくな』

その日、その日ごとに違《ちが》った指示《しじ》が降《お》りてくる。下校する時も同じで、私は外を歩く際《さい》には、いつもこっくりさんにおうかがいをたててから歩くようになっていった。

そうしなければ殺される、杏里《あんり》はあれからもずっと私を狙《ねら》い続けているのだ。

時に街路樹《がいろじゅ》の陰《かげ》から、時に道路脇《わき》の排水溝《はいすいこう》の中から、こっくりさんのお告げどおりに道を行く私を見てはそのたびに悔《くや》しそうな顔をする。

もしこっくりさんのお告げなしで杏里《あんり》の前を通っていたら、その時はどうなってしまうのだろうか。考えただけでいつも身震《みぶる》いがした。

そして怖《こわ》くなった分だけ私はこっくりさんに依存《いぞん》し、確認《かくにん》する回数も増《ふ》えていった。呼《よ》び出す回数が多くなるにつれ台紙を広げる場所を用意するのも難《むずか》しくなり、いつしか私は画板を首から提《さ》げ、その上に十円玉と台紙を置いて外出するようになっていた。

道行く人や、学校中からも笑われるが、それでも杏里《あんり》に殺されるよりかは全然ましだ。

やがて教室からトイレに行くのもこっくりさんに尋《たず》ねるようになって、今では「おいでください」とお願いするまでもなく、常に呼《よ》び出したまま歩く度《たび》にこっくりさんに尋《たず》ねていた。

だけど……いつからか、こっくりさんのお告げを実行するのが妙《みょう》に難《むずか》しくなってきた。

――『後ろ向きで歩け』『南にしか行くな』『道路の上は歩くな』

無理なお告げを受ける度《たび》に、物陰《ものかげ》からほくそ笑む杏里《あんり》の顔が視界《しかい》の隅《すみ》に見える。にやりと笑う口元はまるで「今度こそ」と言っているようで、私はどんなお告げでも全力でもってやり続けた。その度《たび》にみんなからは気味悪がられ、先生や親からは叱《しか》られる。

そしてある日の放課後のこと、とうとう最悪のお告げが降《お》りてきてしまった。

――『学校から帰るな』

それがどれほど無茶でも、守らなければ杏里《あんり》に殺されてしまう。

やむなく私は教室に誰《だれ》もいなくなってから、掃除《そうじ》用具入れに身を隠《かく》した。夜の学校にいるのが教師《きょうし》に見つかれば、問答無用で追い出されてしまうだろう。

そのまま深夜まで隠《かく》れ続け、臭《くさ》くて暗い用具入れの中、怖《こわ》さと惨《みじ》めさから私はシクシクと泣いていると、いきなりガラリと教室のドアが開いた。

警備員《けいびいん》さんかと思い、泣き声を殺して戸のすき間から外をのぞいてみると——杏里《あんり》だった。

青白い顔に鬼《おに》みたいな表情《ひょうじょう》を浮《う》かべた杏里《あんり》が、私を探《さが》して教室の中をうろついている。

私は悲鳴をぐっとのみ込《こ》み、声を潜《ひそ》めながらこっくりさんにどうしたらいいか尋《たず》ねた。

——『屋上へと逃《に》げろ』

お告げが出た瞬間《しゅんかん》、私は弾《はじ》かれたように用具入れから飛び出し、教室を出てまっすぐ階段《かいだん》を駆《か》け上る。背後《はいご》からは杏里《あんり》が追ってくる気配がした。

肺《はい》が破《やぶ》れそうなのをこらえて階段《かいだん》をいっきに昇《のぼ》りきると、なぜか開いたままだった屋上のドアから外に出て鍵《かぎ》を閉《し》めた。はやく……はやく、次のお告げを聞かないと。

「こっくりさん、こっくりさん。次に私は、どうしたらいいのか教えてください!!」

『もうあきたそろそろしね』

十円玉がピタリと止まり、あまりにひどいお告げに私の表情《ひょうじょう》が凍《こお》りついた。

呆然《ぼうぜん》として時間が止まる。そんな私の耳元で、いきなりゲラゲラという笑い声が響《ひび》いた。

「バカね、途中《とちゅう》でやめたのはあんたも一緒《いっしょ》なのに、自分だけ助かると思ったの？」

ドアの向こうにいた杏里《あんり》がいつのまにか後ろに立ち、私を見てうれしそうに笑っていた。

――今の杏里《あんり》の言葉で、ようやく私は理解《りかい》をした。

杏里《あんり》が死んだのはお告げを守らなかったからじゃない。こっくりさんは途中《とちゅう》でやめれば必ず祟《たた》られる――最初のとき、杏里《あんり》だけでなく私もまたこっくりさんを途中《とちゅう》で放り出していた。

気がつけば杏里《あんり》の背後《はいご》に大勢《おおぜい》の死んだ人が立っていて、私を見て腹《はら》の底から笑っていた。

こっくりさんをすれば、どこぞの誰《だれ》とも知れない低級霊《ていきゅうれい》を呼《よ》び出すという。この人たちはみんな誰《だれ》とも知れない霊《れい》だ。そう、杏里《あんり》も含《ふく》めて――みんな、こっくりさんだったのだ。

笑い続ける死者の集団《しゅうだん》が杏里《あんり》を先頭に前に進み、私を屋上の端《はし》に追い立てる。逃《に》げるように下がった私の背後《はいご》には地面がなく、「……あぁ」と泣きそうな声がのどからもれた。

「さあ、柚希《ゆずき》も今日から――こっくりさんの仲間だよ」

指を置いてもいない十円玉が、『しね』という二文字を繰《く》り返し這《は》い続けていた。

人気《ひとけ》のない病院

気が張《は》っていれば体調を崩《くず》すことはない、なんてことを言う人がいる。気力で病気に抵抗《ていこう》する力が増《ま》すのだ、という理屈《りくつ》らしい。

小林隆登《こばやしたかと》に言わせれば、そんなものはでまかせである。なぜなら、入試直前の十二月、追い込《こ》みで一日たりとも無駄《むだ》にできないこの時期に、隆登《たかと》は体調を崩《くず》して倒《たお》れてしまったのだ。

市販《しはん》の風邪薬《かぜぐすり》でやり過《す》ごそうとしたが、症状《しょうじょう》はどんどん悪化。ついには熱が三十九度まで上がり、激《はげ》しい頭痛《ずつう》や吐《は》き気《け》にも襲《おそ》われた。おかげで、学校も塾《じゅく》も休むハメになった。

ひとまず午前中は横になっていたが、一向に熱が下がらないので、病院に行くことにした。かかりつけの風間《かざま》医院は、午後の診察《しんさつ》が十六時から始まる。混雑《こんざつ》するので、隆登《たかと》は早めに家を出た。

風間《かざま》医院まで、そんなに遠くない。しかし、今日に限《かぎ》ってその道のりはひどくつらかった。普段《ふだん》なら何ということもない坂で息が切れ、信号待ちの時間さえ苦痛《くつう》である。車が鳴らしたクラクションがガンガンと耳の奥《おく》で響《ひび》き、頭が割《わ》れてしまいそうになる。

寒気《さむけ》が背筋《せすじ》を這《は》い上がってくるのも、きびしい。マフラーを巻《ま》き、厚着《あつぎ》をしているのだが、全然効果《こうか》がない。

家族は皆《みな》仕事やら何やらで忙《いそが》しく、つき添《そ》ってくれる人もいない。一人で歩く病院までの距離《きょり》は、永遠《えいえん》よりも長く思えた。

ふと横を見て、隆登《たかと》はハッとする。そこには、病院があった。看板《かんばん》を見る限《かぎ》り、内科だ。風間《かざま》医院まではまだ遠いし、ここで診《み》てもらったほうがいいかもしれない。

そう思う一方で、隆登《たかと》はためらった。この病院、どうにも建物が古すぎるのだ。ぼろぼろで、看板《かんばん》も色あせている。はたして、大丈夫《だいじょうぶ》なのだろうか。誤診《ごしん》される心配はないのか。

迷《まよ》う隆登《たかと》だったが、もうこれ以上歩けない。ふらふらとした足取りで、目の前にある病院に転がり込《こ》むように入る。

「うわ」

中のようすを見て、隆登《たかと》はうめいた。病院の中は、外から見たのと同じで古びていた。ソファやスリッパなどはもちろん、壁《かべ》や診察室《しんさつしつ》の扉《とびら》もどうにもおんぼろである。申し訳《わけ》ばかりに置かれている観葉植物も、貼《は》り出されている肺炎予防《はいえんよぼう》や予防接種《よぼうせっしゅ》のポスターも、何とも言えず古ぼけた感じがした。

いや、それだけならまだいい。がらがら——というか、隆登《たかと》以外誰《だれ》もいない。置いてあるテレビの電源《でんげん》もついていない。

受け付けも、もぬけの殻《から》だ。何だこれは。ドアを開けっ放しで、遅《おそ》い昼食にでも出かけたのか。

隆登《たかと》は立っていられなくなってきた。ソファに移動《いどう》し、倒《たお》れ込《こ》むような勢《いきお》いで腰《こし》を下ろす。近くには本棚《ほんだな》があった。新聞に女性週刊誌《じょせいしゅうかんし》、絵本や漫画《まんが》などが置かれている。新聞や雑誌《ざっし》はともかく、絵本や漫画《まんが》は痛《いた》み色あせていて、全然交換《こうかん》されていないことは明らかだった。

漫画《まんが》を一冊《さつ》手に取りかけて、やはりやめる。台詞《せりふ》の文字を読むのもだるい。

時間を無駄《むだ》にしていることへの焦《あせ》りが募《つの》る。模試《もし》の結果があまりよくなかったから、取り戻《もど》さないといけないのに。こうしてる間にも、他のみんなは先へと進んでいるのに。

イライラを募《つの》らせていると、受付にようやく看護師《かんごし》さんが現《あらわ》れた。

顔中しわだらけで、動きもゆっくりしている。相当な年齢《ねんれい》だろう。ひょっとしたら耳が遠いか何かで、隆登《たかと》が来たのに気づかなかったのかもしれない。

やれやれ、と思いながら立ち上がると、隆登《たかと》は受付に移動《いどう》した。

「お願いします」

そして、看護師《かんごし》さんに保険証《ほけんしょう》を差し出す。

看護師《かんごし》さんは何も言わなかった。症状《しょうじょう》を聞いてくることもなければ、隆登《たかと》のほうを向こうとさえせず、ぼんやりとした視線《しせん》をさまよわせている。隆登《たかと》のことを患者《かんじゃ》としてみている気配《けはい》が、これっぽっちも感じられない。

隆登《たかと》は、少し待ってみた。しかし、看護師《かんごし》さんは黙《だま》ったままだ。

「あの、熱が出てしんどくて」

しびれを切らした隆登《たかと》が自分から話し始めると、看護師《かんごし》さんは無表情《むひょうじょう》でうなずいた。やる気の欠片《かけら》もない感じだ。大げさにため息をついてみせるが、それに対する反応《はんのう》も全くない。バカらしくなって、隆登《たかと》は保険証《ほけんしょう》をしまってソファに戻《もど》る。

「小林《こばやし》さん」

隆登《たかと》が腰《こし》を下ろそうとすると、診察室《しんさつしつ》のほうから声が聞こえてきた。しわがれた声質《こえしつ》。言葉が終わると同時に繰《く》り返される咳払《せきばら》い。ああ、これはたぶん間違《まちが》いなく「おじいさん先生」だ。

「はい」

不安を抱《いだ》きながら、隆登《たかと》は診察室《しんさつしつ》の扉《とびら》を開けた。中にいたのは、完璧《かんぺき》に予想どおりによぼよぼのお年寄《としよ》りだった。看護師《かんごし》さんはやる気がないだけだったが、こちらは生気《せいき》さえない。人間というより骸骨《がいこつ》に近い感じだ。

隆登《たかと》は、お医者さんの前に座《すわ》った。お医者さんも、さっきの看護師《かんごし》さんと同じように黙《だま》り込《こ》んでいる。何を考えているのか、さっぱりわからない。

重い時間が流れる。なんだか、こうして向かい合っているだけでこっちまで寿命《じゅみょう》を削《けず》り取られていくようだ。ただでさえ調子が悪いのに、勘弁《かんべん》してほしい。

「あの、診察《しんさつ》してほしいんですけど」

少し、とげのある声が出た。普段《ふだん》はここまでぴりぴりしてはいないのだが、とにかく体がだるくて口の利《き》き方にまで気が回らないのだ。

「ああ、診察《しんさつ》ね」

お医者さんはぼそりとそう言うと、聴診器《ちょうしんき》を耳にはめた。動作の一つひとつ、言葉の発音の一つひとつがひどくゆっくりだ。

「じゃあ、上着を脱《ぬ》いで服をまくって」

枯《か》れ枝《えだ》のような指で聴診器《ちょうしんき》をつまむと、お医者さんがそう言ってくる。小刻《こきざ》みに手が震《ふる》えている。まったく、自分が診察《しんさつ》してもらったほうがいいのではないか。

「うん、うん」

のろのろと聴診器《ちょうしんき》を二度三度隆登《たかと》の胸《むね》に当てると、すぐにお医者さんは聴診器《ちょうしんき》を下ろした。

「お薬出しておきますから」

そう言うと、机《つくえ》に向かってペンを取った。なんだこれは。適当《てきとう》にもほどがある。血を採《と》って調べることもしないし、のどを診《み》ることもしないし、熱を測《はか》ることもしない。看護師《かんごし》さん同様、どこの具合が悪いのか聞くことさえしない。

隆登《たかと》の心の中は怒《いか》りでいっぱいだった。一体どういうつもりなのだ。真面目《まじめ》に診《み》るつもりはないのか。医者のくせに、年寄《としよ》りにありがちな「やわな若者《わかもの》が、甘《あま》えたことを言っている」みたいな考えでいるのか。ふざけるのもいい加減《かげん》にしてほしい。

「あの、ちょっと」

隆登《たかと》の言葉に反応《はんのう》し、お医者さんがこちらを向く。文句《もんく》を言ってやろうとした隆登《たかと》だったが、できなかった。

——お医者さんの、目が。不気味な光をたたえていたのだ。

感情《かんじょう》らしい感情《かんじょう》が一切こもっていない、空っぽな視線《しせん》。こんな目で誰《だれ》かに見られるのは、生まれて初めてだ。

隆登《たかと》の体が、小刻《こきざ》みに震《ふる》え始めた。これはきっと、熱のせいじゃない。

「どうしました？」

お医者さんが、たずねてくる。その声も、視線《しせん》と同じようにひどく虚《うつ》ろだった。しわがれていたりゆっくりしていたりで、今まで気づかなかった。人の声に備《そな》わっているだろう最低《さいてい》限《げん》の温《ぬく》もりさえ、このお医者さんの声には存在《そんざい》してはいなかったのだ。

温《ぬく》もりがないといっても、冷たいわけではない。プラスにもマイナスにも温度がない。ただただ淡々《たんたん》としていて、石や鉄のように無感情《むかんじょう》だ。

「何でも、ないです」

隆登《たかと》は、そう誤魔化《ごまか》すのがせいいっぱいだった。

病室から出て、ソファに座《すわ》る。相変わらず、テレビはついていない。

「小林《こばやし》さん」

またしても、すぐに声を掛《か》けられた。受付に行ってみると、すでに処方箋《しょほうせん》は用意されていた。看護師《かんごし》は、やはり無表情《むひょうじょう》に無感動にただたたずんでいた。お大事に、の一言さえもなかったが、もう隆登《たかと》は怒《おこ》る気にもなれなかった。

得体《えたい》の知れない恐怖《きょうふ》が、どんどん増大《ぞうだい》していく。いくら何でも、少しおかしくないか。この病院は、一体何なのだ？

薄気味悪《うすきみわる》さを振《ふ》り払《はら》うようにして、隆登《たかと》は病院を後にした。こんな病院、もう二度と来たくない。ああ、なんだか余計《よけい》に具合が悪くなった気がする。早く、帰って勉強しないと。


「帰りましたよ」

看護師《かんごし》に声をかけられ、医師《いし》は我《われ》に返った。

「ああ」

返事をして、深々と息をつく。

「いつまで、続くのだろうな」

誰《だれ》にともなく、医師《いし》はつぶやきを漏《も》らした。

待合室から、ワイドショーの音声が聞こえてくる。看護師《かんごし》がつけたのだろう。もうすぐ、午後の診察《しんさつ》時間が始まるのだ。

＊　＊　＊

——もう、二十年以上前の十二月のことだ。

午後の診察《しんさつ》が始まる少し前。いつものように医師《いし》が診察《しんさつ》の準備《じゅんび》をしていると、看護師《かんごし》が慌《あわ》てふためいたようすで診察室《しんさつしつ》に飛び込《こ》んできた。

「先生、大変です！」

「どうしたんだ？」

驚《おどろ》いて聞き返す医師《いし》に、看護師《かんごし》は言った。

「外で、誰《だれ》か倒《たお》れてます！」

倒《たお》れていたのは、一人の少年だった。高校生くらいの年ごろで、ひどく発熱していた。

「治して、勉強しないと——」

そんな言葉を残し、少年は意識《いしき》を失った。明らかに危険《きけん》な状態《じょうたい》であり、この病院の設備《せつび》では対応《たいおう》できなかった。医師《いし》は速《すみ》やかに救急病院へと運ぶ手立てを取った。

しかし、残念ながら間に合わなかった。症状《しょうじょう》は急速に悪化し、少年は搬送《はんそう》されることもなく、命を落とした。

それからというもの。午後の診察《しんさつ》が始まる前に、『彼』はやって来るようになった。来る日も来る日も、毎日厚着《あつぎ》をしてつらそうなようすでやってきては、もう二度と来るものかという態度《たいど》で帰っていき、次の日にはまた同じように苦痛《くつう》に顔をゆがめながら扉《とびら》を押《お》し開けるのだ。

高齢《こうれい》である医師《いし》にとって、彼の姿《すがた》は「傷《きず》のついたレコード」を思わせた。針《はり》を溝《みぞ》に走らせることで音を再生《さいせい》するレコードは、その溝《みぞ》に傷《きず》がついてしまうと、同じ箇所《かしょ》を何度も何度も繰《く》り返すのだ。若《わか》い世代には、きっと伝わらない言い回しだろう。

医師《いし》は、時折《ときおり》考える。自分も、そろそろ体力気力の限界《げんかい》だ。跡《あと》を継《つ》ぐ者もいない。いつまでも、この病院を開けておくことはできない。遠からず、閉院《へいいん》する日が来るだろう。

その時、『彼』はどうするのだろうか。受けられなかった診察《しんさつ》を待ち続け、永遠《えいえん》に立ち尽《つ》くすのだろうか――

＊　＊　＊

隣《となり》の部屋の手紙

――ヘンなヤツが、隣《となり》に住んでいるんだ。

中村《なかむら》からそんな話を聞いたのがいつのことだったか、僕はもう覚えていない。

中村《なかむら》は、大学から徒歩十五分くらいにある古い小さなアパートで独《ひと》り暮《ぐ》らしをしていた。実家から通学していた僕は、ときどき意味もなく彼の部屋へ遊びに行き、一緒《いっしょ》に映画《えいが》を観《み》たりゲームをしたり、バカなイタズラをしたりして過《す》ごしていた。

僕にとって中村《なかむら》は「真面目《まじめ》な話を語り合う種類の友だち」ではなかった。だから「ヘンなヤツが、隣《となり》に住んでいるんだ」と言われた時、僕はいいかげんに首を振《ふ》りながら聞いていた。つまり、ちゃんと聞いていなかった。そして、すぐに忘《わす》れた。

ちなみに、中村《なかむら》の隣《となり》の部屋に住んでいるのは白石《しらいし》という男子学生だった。白石《しらいし》は大学入学当初から、自転車サークルの仲間たちと部屋でワイワイ騒《さわ》いだり、たまに彼女らしい人を出入りさせていたらしい。背《せ》が高くて爽《さわ》やかな、いかにも大学生活を謳歌《おうか》し

ているといったようすだった。

それが、最近になって豹変《ひょうへん》した。部屋に閉《と》じこもって出てくる気配《けはい》がなく、大学でも全然見かけなくなった。夜中などに時折、うめくような、短い悲鳴みたいな物音が聞こえる。

つまり、正確《せいかく》に言えば、中村《なかむら》の部屋の隣室《りんしつ》にヘンなヤツが住んでいるわけではなく、隣《となり》の部屋に住んでいるヤツがヘンになったのである。

「ヒドい失恋《しつれん》でもしたんじゃないか」というのが、中村《なかむら》の推測《すいそく》だった。

さすが中村《なかむら》。平凡《へいぼん》な想像力《そうぞうりょく》だな。と一周まわって感心したけれど、本当のことなんてわかるわけがないので、僕は何も言わなかった。

それは、忘《わす》れもしない。冬のある夜のことだった。

僕はいつものように中村《なかむら》と駅で待ち合わせをして、一緒《いっしょ》に中村《なかむら》の部屋をめざして歩いていた。しかし途中《とちゅう》、お互《たが》いに飲み物や菓子《かし》の持ち合わせがないことに気がついて、大学の近くのコンビニで買っていくことになった。そのコンビニは場所柄《がら》、客もバイトも大抵は大学でみかけたことのあるヤツ、という店だったのだが、この夜は見かけない人がいた。

小柄《こがら》でやせた、髪《かみ》の長い女性《じょせい》だった。抱《かか》えた買い物かごに、ゴミ袋《ぶくろ》と軍手が入っている。

小さく首をかしげながらビニール紐《ひも》に手をのばす。そんなようすを何となく見ていたら、振《ふ》り返った彼女と目が合ってしまった。僕は思わず会釈《えしゃく》する。彼女は少しほほえんで、会釈《えしゃく》を返してくれた。

「行こうぜ」買い物を済《す》ませた中村《なかむら》が、僕の肩《かた》を強くたたく。

「そうだな」僕は彼女に向かってなんとはなしに小さく手を振り、中村《なかむら》の後を追いかけた。

コンビニを出ると、中村《なかむら》が街灯《がいとう》の光を浴びながら寺の前の道を早足で歩いていく。そんな彼の背中《せなか》に「今の子、可愛かったたな!」と僕は言った。

「ゴミ袋《ぶくろ》を買っていたんだから、きっとこの近所に住んでいるんだよね。てことは、うちの大学に通っているのかな? ……あれっ、中村《なかむら》?」

興奮《こうふん》する僕とは対照的に、さっきまで明るかった中村《なかむら》が黙《だま》り込《こ》んでいる。

「ちゃんと見てなかったのかよ」と、中村《なかむら》は振《ふ》り返らずに低い声で言った。「さっきの女の左手……ズタズタだったぞ」

「ズタズタ」という言葉の響《ひび》きに、僕は息をのんだ。

「なんで……」

「知らねえよ」

よっぽどひどい傷《きず》だったのだろう。いつもだったら他人の不幸をネタにタチの悪い冗談《じょうだん》を言うはずの中村《なかむら》が顔をひきつらせている。

彼が持っていたレジ袋《ぶくろ》の中で、飲み物の缶《かん》のぶつかり合う音がした。

このままだと暗い飲み会になる。そういう心配をしたのか、アパートの前に着くと中村《なかむら》は急に口調《くちょう》を変えて「コレ、気にならねえ?」と、こちらへ顔を向けた。

中村《なかむら》の指さした先を見ると、そこにはアパートの住人が使用しているさびた銀色の郵便受《ゆうびんう》けが並《なら》んでいた。変色した扉《とびら》のひとつに「白石《しらいし》」と書かれた白いシールが貼《は》られている。中には色あせたスーパーのチラシだとか近所の英会話教室の案内だとかがゴチャゴチャと突《つ》っ込《こ》まれていて、いかにも生活が荒《あ》れているという感じだったが、その一番上に真新しい手紙がちょこんとのっていた。

「これってもしかして、ラブレターだよな」と、中村《なかむら》がなぜか小声になる。

「『もしかして』って何だよ。ラブレターに決まっているだろ」つい、つられて小声になった。

手紙には、ハート形のシールで封《ふう》がしてあった。

「よかったな。これで白石《しらいし》も立ち直れるよ」

中村《なかむら》が心にもないことを口走って、涙《なみだ》を拭《ぬぐ》うしぐさをした。どうやらいまだに白石《しらいし》の不調の原因《げんいん》が失恋《しつれん》だと思い込《こ》んでいるらしい。

「前のカノジョのことを引きずっているんだとしたら、ぜんぜん別の子から手紙をもらったって関係なくないか？」と、僕は中村《なかむら》の説に乗っかる形で反論《はんろん》した。

「関係なくはないだろ。そういうところだぞ、お前」と言い返された。中村《なかむら》が僕のどういうところを非難《ひなん》しているのかよくわからなかったけれど、それ以上にわからないのは目の前のラブレターだ。

中村《なかむら》によれば、白石《しらいし》はあるころを境《さかい》に部屋からほとんど出ておらず、その姿《すがた》を大学でも見かけなくなった。だとしたら、この手紙を出した人物は、白石《しらいし》とどこで知り合い、白石《しらいし》のどこを好きになったというのだろう？

「宛名《あてな》も差出人も書いてないな」中村《なかむら》が封筒《ふうとう》を手に、マジメな表情《ひょうじょう》をした。

「ということは、この女はここまでわざわざやってきて、直接《ちょくせつ》この手紙をここに入れたんだよ。つまり、僕の郵便受《ゆうびんう》けと間違《まちが》えた可能性《かのうせい》がわずかながら――」

「それはない」と僕は中村《なかむら》が言い終える前に彼の肩《かた》に手をかけた。「それより、白石宛《しらいしあて》のラブレターを勝手に取るのはマズいんじゃないの？」

僕の指摘《してき》に、中村《なかむら》は「おお」と、すなおに手紙を白石《しらいし》の郵便受《ゆうびんう》けに戻《もど》しかけたが、ふと顔を上げて「まてよ」とつぶやいた。

「やはり、この手紙はここに戻《もど》さないほうがいいんじゃないか」

「意味のわからないことを言ってないで、早く戻《もど》して部屋で飲もう」

「いや、考えてみろよ。白石《しらいし》は部屋から出ないいんだぜ。だから、こんなに広告が積もっているんだろ。ということは、この手紙だって読んでもらえないまま放っておかれ、やがて新しい広告に埋《う》もれてしまう。そんなのって、かわいそうじゃないか?」

「そうかもしれないけど、そのこととお前とは無関係だろ」

「無関係とか、そんな悲しいことを言うなよ。そういうところなんだぞ、お前」と中村《なかむら》はまた意味不明なことを言う。僕は中村《なかむら》を説得するのはムリだと悟《さと》った。

そんなわけで、話し合いの末「ていねいに封《ふう》を開けてラブレターを読んだら、またていねいに封《ふう》をしてラブレターを白石《しらいし》の部屋の扉《とびら》に差《さ》し入れる」という約束をし、僕らはラブレターを中村《なかむら》の部屋に持ち帰ることにした。

こんなこと、しなければよかった。

封筒《ふうとう》を開けた瞬間《しゅんかん》、僕らはそう思った。

ボトボトと何かが落ちた。その黒ずんだものが人の爪《つめ》だと気がつくと、中村《なかむら》は「ひいっ」と畳《たたみ》の上でしりもちをついた。封筒《ふうとう》には、あちこちに血がついた便箋《びんせん》も入っていた。紙面には一言「今日中に　白石《しらいし》くんのぶん　くれるよね？」とあった。

「今日って……今日のこと……かな？」

「さあ……」

「『白石《しらいし》くんのぶん』って、何のことだ？」

「知るかよ……」

白石《しらいし》に手紙は返さなかった。いや、返せなかった。落っこちた爪《つめ》を四枚《まい》、割《わ》り箸《ばし》で封筒《ふうとう》に戻《もど》すと、僕らはそれを菓子《かし》の空き袋《ぶくろ》といっしょにゴミ箱に押《お》し込《こ》んだ。

「金銭《きんせん》トラブルで、誰《だれ》かから脅《おど》されているんじゃない？」と、僕は推理《すいり》してみた。

「だとしたら『くれるよね？』じゃなくて『払《はら》うよね？』って書くだろ」と、中村《なかむら》がまっとうな反論《はんろん》をしてきた。「第一、金の要求なら手紙をポストに入れるより、直接《ちょくせつ》本人に迫《せま》ったほうが早いだろ。白石《しらいし》はずっと部屋にいるんだから」

「じゃあ、これはやっぱり人間関係上のトラブルなのかな？」

「どうでもいい」と中村《なかむら》。手にしたアルミ缶《かん》をぐっとあおった。「たった今、オレは引っ越《こ》すことに決めた。この辺は大学に近くて便利だけど、おかしなヤツが多すぎる」

僕は、中村《なかむら》の眉間《みけん》に刻《きざ》まれた深いシワを見ながら「そうしたほうがいいかもな」と答えた。

「何のことか、わからない！　今日中って、何のことだよ!?」

隣《となり》の部屋から大きな声が響《ひび》いてきたのは、その夜遅《よおそ》くだった。

布団《ふとん》から起き上がった僕は「何、何？」と中村《なかむら》を振《ふ》り返った。いつから目をさましていたのだろう、中村《なかむら》が僕に向かって「しっ」と指をたてる。

「い、イヤだ、やめろ！　やめてください！」せっぱつまった叫《さけ》び声が続いている。と思ったら、念仏《ねんぶつ》のように「ごめんなさい、ごめんなさい、ごめんなさい」とくり返す声に変わり、やがて**ボクン！**　という鈍《にぶ》い物音とともに隣《となり》の部屋が静まり返った。

「け……警察《けいさつ》」と、小声で言う僕。その向かいで中村《なかむら》が首を横に振《ふ》っている。

「オレは、関わりたくない」

「だよな」

僕らの視線《しせん》は、ゴミ箱のほうに自然と向けられていた。

「あの手紙を、自分の部屋に置いておきたくない」と中村《なかむら》がゴミ箱から目をそらす。「明日、お前が持って帰ってくれ」

「え。やだよ」

「途中《とちゅう》のコンビニで捨《す》てればいいだけだろ!」

ガチャン。いきなり隣《となり》の部屋で、そんな音がした。続いて、ドアがゆっくりと開くときのギィーという音。バタン。誰《だれ》かが、白石《しらいし》の部屋から出て行った。コツコツと、固い足音がゆっくり遠ざかっていく。僕らはそれが完全に聞こえなくなるまで、呼吸《こきゅう》するのも忘《わす》れて耳をすませていた。


翌朝《よくあさ》、僕は中村《なかむら》のアパートを出た。

明け方だったので、町に人影《ひとかげ》はほとんどない。

僕の上着のポケットには「白石宛《しらいし》の手紙」が入っており、そのせいで僕は何だか自分が犯《はん》罪者《ざいしゃ》であるかのような気持ちになっていた。一刻《いっこく》も早く、この手紙をコンビニのゴミ箱に捨ててしまいたかった。だから急に声をかけられたとき、僕は心臓《しんぞう》が止まりそうになった。

「こんにちは」

顔を上げると、昨日、コンビニで会った、あの女性《じょせい》が目の前に立っていた。

「わたしのこと、覚えてますか？」と、首をかしげている。風で髪《かみ》が揺《ゆ》れる。

僕は「昨夜、コンビニで会いましたよね」と首を振《ふ》った。自然と笑《え》みがこぼれる。

女性《じょせい》が「ええ」と、にっこり笑う。

その手を、僕は何となく見てしまった。爪《つめ》のない指先が、赤黒く光っている。

「それ――」と、彼女が僕の上着のポケットを指さした。「わたしの爪《つめ》、あなたが持ってたんですね！　だから白石《しらいし》くん、自分のぶんをくれなかったのか……」

「えっ」

「これからは、あなたが白石《しらいし》くんの代わりになるんだよね？　じゃあ今すぐ、あなたのぶん、
わたしにちょうだい！」

彼女の笑顔《えがお》。その目がぜんぜん笑っていないことに、僕は気がついた。

わたしだけ視《み》えない

「ねぇ、栞奈《かんな》ちゃん。今度の日曜日、一緒《いっしょ》に郊外《こうがい》の展望台《てんぼうだい》に行こうよ」

初めてのデートの場所が山の上の展望台《てんぼうだい》とは、悠人《ゆうと》君らしいなと思った。私たちの中学校の天文部員である彼はこれまでも望遠鏡《ぼうえんきょう》を担《かつ》ぎ、何度もその展望台《てんぼうだい》に行っているらしい。

昼間は景色《けしき》が、夜は星と夜景《やけい》がきれいだから、どうしても私を連れて行きたいらしい。その言葉だけで私のほっぺたはゆるんで、どうしてもニヤニヤを抑《おさ》えられなくなってしまう。

ちなみにこのお誘《さそ》いの三十分ほど前、彼から「好きです」と告白された。その告白に「……私もです」と答えたばかりなのに、デートの誘《さそ》いを断《ことわ》るはずがない。

「待ち合わせ場所は、どこにするの？」

「一人の時は自転車だけど……栞奈《かんな》ちゃんには坂道がきついと思うし、まだ雪も残っているかもしれないから、バスにしようか。駅前のバス乗り場に朝の十時でいいかな？」

別に自転車でもいいけど……と返しそうになるが、悠人《ゆうと》君の優《やさ》しさがちょっとだけうれしくて、私はそのままうなずいておくことにした。

約束の日曜日。緊張《きんちょう》して土曜日の夜に寝《ね》つけず、ちょっと遅刻《ちこく》しそうだったのは内緒《ないしょ》だ。とにもかくにも、約束の三分前。どうやら悠人《ゆうと》君よりも先に着いたらしい私は、息を整えながら「もしかして、悠人《ゆうと》君も昨日の夜は眠《ねむ》れなかったのかな」と思い微笑《ほほえ》んでいた。

悠人《ゆうと》君が来たら最初になんて声をかけようか、そんなことを考えながら、遅《おく》れた彼が走ってやってくるのを心待ちにし続けるが――いつまで待っても、悠人《ゆうと》君はやって来ない。

『あれ？　約束の時間って十時であってるよね？』

『……ねぇ、どうしたの？　もう十二時だよ、何かあったの？』

『ひょっとして、風邪《かぜ》か何か？　具合が悪かったりするの？』

『都合が悪くなったのなら、別の日にしてもいいよ。私、予定あけるからさ』

『…………なんで、返事をくれないの？』

スマホから送ったSNSアプリのメッセージ欄《らん》には次々に私の名前だけが並《なら》んでいく。

悠人《ゆうと》君からの返事がまったくないままやがて夕方となり、私は勝手にこぼれ落ちてくる涙《なみだ》を拭《ぬぐ》いながら、冷え切った体をこすって一人で家路についた。

結局、この日の晩《ばん》から私は風邪《かぜ》を引き、三日も学校を休むことになってしまった。

ようやく体調の戻《もど》った木曜日、私はイヤな気持ちを押《お》し殺して登校した。

知らない間に、悠人《ゆうと》君に嫌《きら》われるようなことをしたのだろうか。約束をすっぽかされ、メッセージも無視《むし》され続け、彼のことは好きだけれどもどうしようもないほど腹《はら》も立っていた。

教室での悠人《ゆうと》君の席は、私の一つ前だ。登校すれば嫌《いや》でも顔を合わせることになる。

ひょっとしたら、そのままケンカになってしまうかもしれない。

どんよりした思いで教室に入ると、心配した友達が何人も声をかけてきてくれた。

「もう大丈夫《だいじょうぶ》なの?」「熱は下がったの?」「あとでノートを見せてあげようか?」

三日も休んでいた私を気遣《きづか》って、みんなが優《やさ》しい声をかけてくれる。

でも本当なら一番最初に声をかけてきてほしい悠人《ゆうと》君が、登校していなかった。

二限目《げんめ》も、三限目《げんめ》も悠人《ゆうと》君はやって来ず、私の目の前の席はずっと空席のまま。

悠人《ゆうと》君に対してどんな顔をしたらいいのか悩《なや》んでいた私は少しだけほっとしてしまうが、

一方でスマホからのメッセージは無視《むし》され、それでいて学校も休まれていたのでは、怒《おこ》ろうにも許《ゆる》そうにもどうにもできず、モヤモヤした思いだけが私の中でふくらんでいく。

放課後になっても悠人《ゆうと》君の席は無人のままで、私はしかたなく帰り支度《じたく》を始めると、

「……ねぇ栞奈《かんな》、ケンカでもしたの？」

すでに教科書を詰《つ》めたカバンを手に提《さ》げ、私の後ろの席の女子が声をかけてきた。

「ケンカ？　誰《だれ》と？」

「もちろん、悠人《ゆうと》君とに決まってるでしょ」

……日曜日に悠人《ゆうと》君とデートをする予定だったことは誰《だれ》にも話していない。ましてそのデートをすっぽかされ、待ちぼうけをくらったことなんて知っているはずがないのだけど。

「今日一日、ずっと無視《むし》してたじゃない。後ろから見ててかわいそうだったよ、悠人《ゆうと》君が」

「えっ？　ずっと悠人《ゆうと》君を無視《むし》してたって……私が？」

「そうだよ。休み時間のたびに振《ふ》り向いては話しかけてるのに、栞奈《かんな》ってば少しも相手しないんだもん。五限目《げんめ》の時なんて、先生が黒板に書いている間に振《む》り向いて栞奈《かんな》のノートに悠人《ゆうと》君が何か書いていたのに、それでも見向きもしないからさ。……早く仲直りしなよ」

と苦笑いを浮《う》かべた彼女は、口が半開きの私をそのままにして教室を出ていく。

……一日中席にいなかった悠人《ゆうと》君を、どうすれば私が無視《むし》できるってのよ。

心の中で反論《はんろん》してみるが、やっぱり少しも意味がわからない。

だけど彼女は別に嘘《うそ》を言うような性格《せいかく》じゃないのも確《たし》かだ。まるで理解《りかい》はできないが、試しに彼女が言っていた五限目《げんめ》の授業《じゅぎょう》のノートを取り出して開いてみる。

『どうして無視《むし》するの？　悪いことをしたのなら謝《あやま》るから、理由を教えてよ』

本当に、授業《じゅぎょう》の時に開いていたページの端《はし》に文章が書かれていた。しかもその筆跡《ひっせき》は悠人《ゆうと》君のものとそっくりで、おまけに前の席から振《ふ》り向いて書いたように上下逆《ぎゃく》の字だった。授業前《じゅぎょう》にはなかった、席にはいなかったはずの悠人《ゆうと》君からのメッセージが書かれている。

「……まさかね」

私に見えないだけで、悠人《ゆうと》君はずっと自分の席にいた——そんなことってあるの？

『無視《むし》しているわけじゃなくて、悠人《ゆうと》君が見えないだけ。本当に席にいるの？』

金曜日の翌朝《よくあさ》。私は悠人《ゆうと》君のものらしいメッセージに返事を書くと、ノートを開いたまま無人の悠人《ゆうと》君の机《つくえ》へと向けて置いてみた。

すると不思議なことに、いつの間にか悠人《ゆうと》君の返事がノートに書き込《こ》まれている。

『見えないって……僕の顔を見たくない、とかそういう意味？　やっぱり怒《おこ》ってるの？』

『だから無視《むし》とかじゃなくて、本当に悠人《ゆうと》君の姿《すがた》が見えないのっ！』

『ごめん、栞奈《かんな》ちゃんの言っていることの意味がわからないよ』

自分で書いておきながらだけど、私だって何が何やらわからない。

けれども変なのはどうやら私のほうだと、ちょっとずつ認《みと》めざるをえなくなっていた。

他のクラスメートたちが、無人のはずの悠人《ゆうと》君の席に話しかけにくる。

そのさまは独《ひと》り言《ごと》をつぶやいているようにしか見えないのに、でも会話は成立しているらしくて、どうも普段《ふだん》どおりのやりとりを悠人《ゆうと》君はしているようなのだ。

みんなにはちゃんと悠人《ゆうと》君が見えているのに、恋人《こいびと》である私にだけ悠人《ゆうと》君が見えない。

でもそのことを悠人《ゆうと》君自身も信じてくれないし、たぶん他の誰《だれ》に言っても信じてもらえないだろう。何より自分でさえ、まだどこかでは信じきれていないぐらいだもの。

ひょっとして日曜日からもう見えなくなっていて、実は横にいたりしたのだろうか？

『SNSのメッセージは見てくれた？　ねぇ、日曜日はどうしていたの？』

『メッセージをもらってたならごめん、先週の土曜日にスマホをなくしたみたいなんだ。それから土曜日と日曜日の週末はね、実は何をしてたのかまったく記憶《きおく》がないんだよ』

『記憶《きおく》がないって、だいじょうぶなの？　病院で診《み》てもらったほうがいいんじゃない？』

『でも病院に行ったら学校で栞奈《かんな》ちゃんに会えないでしょ。好きだってこととは別に、栞奈《かんな》ちゃんに何か伝えないといけない言葉があって、それを忘《わす》れている気がするんだよね』

ノートに書かれた「好きだ」という文字を見て、思わず耳まで真《ま》っ赤《か》になってしまう。なんだろう、もう不思議なこととわからないことだらけで、頭がパンクしそうだった。

けれども――思えば悠人《ゆうと》君の姿《すがた》を見て声を聞いたのは、先週の金曜日が最後だ。目の前の席にいるのかもしれないけれど、私は先週からずっと悠人《ゆうと》君の顔を見れていない。照れながらはにかむ悠人《ゆうと》君の笑顔がやたらなつかしくて、私は息が苦しくなる。

記憶《きおく》がないという週末……ひょっとして、そこで何かがあったのだろうか？

週末の土曜日。先週に悠人《ゆうと》君と二人で乗るはずだったバスのシートに、私は一人で座《すわ》っていた。悠人《ゆうと》君に記憶《きおく》がないという先週末、何かあったといえばやっぱりデートの件《けん》だ。さすがにすっぽかされたのが不思議な現象《げんしょう》に関連しているとは思わないけれど、他に何も思い当たることもなく、わらにもすがる気持ちで私は展望台《てんぼうだい》に行ってみることにした。

バスに揺《ゆ》られること三十分、着いたのは大きな展望《てんぼう》公園だった。

前の日に悠人《ゆうと》君からじっくり聞かされていた、公園の中央にある展望台《てんぼうだい》に登る。

すると山の谷間からぱっと視界《しかい》が開けて、自分たちの住む街が全て見下ろせた。

その景色《けしき》はなかなかのもので、悠人《ゆうと》君はこれを私に見せようとしてくれてたんだ、とうれしく思うと同時に、やっぱり二人で来たかったな、と妙《みょう》に寂《さび》しくもなった。

絶景《ぜっけい》だったけれど、悠人《ゆうと》君の姿《すがた》が見えないことに関わりそうなヒントは特に何もない。

やむなく帰ろうと、バス乗り場に向かい停留所《ていりゅうじょ》の時刻表《じこくひょう》を見て、私は「冗談《じょうだん》でしょ？」と思わずつぶやいていた。帰りのバスが来るのに、まだ二時間もあったのだ。

悠人《ゆうと》君と二人だったら二時間待つのだって苦じゃないけれども、一人きりじゃつらいだけでしかない。しかたなく、私は行けるところまで山道を歩いて下ってみることにした。

山の中だけあって、道路の外側には雪が残っている。道も曲がりくねっていて、悠人《ゆうと》君は一人の時は自転車で来るなんて言っていたけれど、自転車だったら少し危《あぶ》なかったかもしれない。そんなことも心配して、きっとバスで行こうと言ってくれたのだろう。

それにしても——なんで、こんなことになってしまったのか。

このまま私にだけ悠人《ゆうと》君が見えないなんて、絶対《ぜったい》にイヤだ。せっかく好きな人と付き合えたのに、どうして顔さえも見れずに、こんな切ない思いをしなければならないのだろう。

急に悲しくなってきた私は足を止め、返事がない悠人《ゆうと》君のアドレスにメッセージを送る。

『どうして私にだけ見えないのよ……こんなに悠人《ゆうと》君と会いたいのに』

私が送信した直後——ポン、とそれほど遠くない場所から軽快《けいかい》な電子音が響《ひび》いた。

それは悠人《ゆうと》君が持っていたスマホの着信音と同じで、思わず立ち止まってしまった。

たぶん……聞き間違《まちが》いだと思う。悠人《ゆうと》君から返事がほしいと思っているから、別の音がそんなふうに聞こえてしまったのだろう。だけどもあまりにタイミングがぴったりだったので、気になった私はあたりを見回してみた。

ふと視界《しかい》の端《はし》に、チカリとした人工の光が入った。何かと思ってガードレールに寄《よ》り、身を乗り出して斜面《しゃめん》の下をのぞき——私は胸《むね》がふくれるほどに息をのむ。

木々の陰《かげ》に隠《かく》れてはいるが、崖《がけ》の下で倒《たお》れているらしい人の足が見えたのだ。キョロキョロとあたりを見渡《みわた》すも、私の他には誰《だれ》もいない。しかたなく「えい！」と気持ちを決め、私はガードレールをくぐって急な坂を滑《すべ》るようにして下りた。

倒《たお》れていたのは男の子だった。うつ伏《ぶ》せとなって残っていた雪の中に顔を埋《うず》めているが、背格好《せかっこう》からしてたぶん私と同じぐらいの年齢《ねんれい》だろう。生きている限《かぎ》りは少しは上下していなければならない胸《むね》がピクリとも動かない。襟足《えりあし》から見える肌《はだ》の色も黒くくすんでいて、もう亡《な》くなっているのだとはっきりわかった。

私は「どうしよう、どうしよう」とつぶやきながらも、警察《けいさつ》に連絡《れんらく》をするべく自分のスマホをとりだそうとして、それでふと気がついた。

うつ伏《ぶ》せで死んでいる彼が、浅黒くなった腕《うで》を伸《の》ばして触《ふ》れていた指先――そこに、見覚えのあるスマホがあったのだ。着信のLEDがチカリと点滅《てんめつ》し、私は、思わず画面をのぞき込《こ》んでしまう。

「うそ……でしょ……………」

着信があって開いていたSNSアプリの画面には、私がさっき悠人《ゆうと》君へと送ったはずの、会いたいという思いを込めたメッセージが表示《ひょうじ》されていた。

つまりこれは悠人《ゆうと》君のスマホで、それが今ここにある。

だとしたら、このうつ伏《ぶ》せに倒《たお》れて亡《な》くなっている男の子は――

「……………なんで……なんでよ……」

あまりのことに、雪の上で私は膝《ひざ》から崩《くず》れ落ちてしまう。

その振動《しんどう》でスマホに伸《の》びていた悠人《ゆうと》君の指が動いて送信ボタンを押《お》した。

ほぼ同時に私のスマホから着信音が鳴って、急いで確認《かくにん》すると――

『日曜日のデート行けなくなっちゃった。それと……もう会えないかも。ごめんね』

――伝えないといけない言葉があって、それを忘《わす》れている気がするんだよね。

ノートに書かれていた、悠人《ゆうと》君からのメッセージを思い出す。

彼はこんな状況《じょうきょう》でも私とのデートに来れないことをちゃんと伝えようとしてくれていたのだと理解《りかい》し、切なさと苦しさから胸《むね》をかきむしりたくなった。

気がつけば私は、悠人《ゆうと》君の前に座《すわ》り込《こ》みわんわんと声を上げて泣いていた。

その後、警察《けいさつ》が来て調べたところ、悠人《ゆうと》君の死体は死後一週間たっていたとわかった。

悠人《ゆうと》君の死体から少し離れた場所には折れ曲がった自転車も落ちていたようで、曲がりくねった下り道で勢《いきお》い余《あま》りガードレールに衝突《しょうとつ》して、転落したのだろうという見解《けんかい》だった。

悠人《ゆうと》君のことだ、きっと私を連れて行く前に下調べしようと一人で向かったのだろう。

死因《しいん》は滑《すべ》って転落した時に、頭部を強く打ってしまったこと。おそらくそれが原因《げんいん》で悠人《ゆうと》君は自分が死んでしまったことも、週末のことも忘《わす》れてしまったのだと思う。

しかしそれでも、私に伝えたいことがあったことだけは覚えてくれていて、魂《たましい》だけになっても自分の席に座《すわ》って伝えようとしてくれていたに違《ちが》いない。

それはうれしいけど……だけど、とても悲しくもあった。

不思議なのは、死んでも自分の席に座《すわ》っていた悠人《ゆうと》君とクラスのみんなは普通《ふつう》に話をしていたのに、彼が死んだことが発覚すると誰《だれ》もがそのことを忘《わす》れてしまったことだ。

人間の脳《のう》は案外いい加減《かげん》で、ありもしないことは覚えておけない——と、何かの本で前に読んだ覚えがある。霊《れい》というのは実際《じっさい》にはこの世に存在《そんざい》していないわけで、おそらく同じなのだろう。

だから私にだけ悠人《ゆうと》君が見えなかった理由も想像《そうぞう》できた。誰《だれ》よりも悠人《ゆうと》君を見ていた私の脳《のう》は、幽霊《ゆうれい》に変わってしまった彼を悠人《ゆうと》君として認《みと》めなかったのだと思う。

悠人《ゆうと》君が死んでしまって、私はきっとこれから毎日泣いて暮《く》らすのだろうな——そう自分でも思っていたのだけれども、意外なことにあまり気落ちしていない。それというのも、

『ねぇ。今週末こそさ、一緒《いっしょ》に郊外《こうがい》の展望台《てんぼうだい》に行こうよ』

彼のための花瓶《かびん》が置かれた席から振《ふ》り向いて、幽霊《ゆうれい》の悠人《ゆうと》君が私に話しかけてくる。

私にだけ見えなかった悠人《ゆうと》君は——今は、私にしか見えない悠人《ゆうと》君になっていた。

死んでいるはずなのに笑顔を浮《う》かべる悠人《ゆうと》君に、私は困《こま》って苦笑いをしてしまう。

「お願いだから、今度はすっぽかさないでよね」

このままいつまで悠人《ゆうと》君が幽霊《ゆうれい》として存在《そんざい》してくれるのかはわからない。だけどとりあえずデートのやり直しをするべく、私は今週末のスケジュールを空けておくことにした。

たそがれ時の食堂

夕暮《ゆうぐ》れ時の町を、私はさまよっている。今夜は両親が遅《おそ》くまで帰ってこないのだ。我《わ》が家《や》のルールは、何をするにも『家族そろって』。だから一人で夕食を食べることなんて滅多《めった》にない。高校生にもなって門限《もんげん》に縛《しば》られるのは嫌《いや》だけど、家族のルールは絶対《ぜったい》。だから、今日みたいな自由な日はとても貴重《きちょう》なのだ。そんな日にファストフードやファミレスで済《す》ませるのももったいなくて、ちょっとだけ特別な食事ができそうなお店を探《さが》していた。

開店したばかりのパスタ店、いつも行列ができるラーメン店、最近ネットで話題の店ものぞいてみたけど、どこも味が想像《そうぞう》できてしまって興味《きょうみ》をひかれない。一時間ほど探《さが》しても見つからず、諦《あきら》めてファミレスに向かっていた途中《とちゅう》、古そうなたたずまいの食堂を見つけた。看板《かんばん》の文字はかすれて読めず、入り口の暖簾《のれん》は黄ばみ、曇《くも》ったショーケースの中にはスパゲティナポリタン、クリームソーダといった年季《ねんき》の入った食品サンプルが並《なら》んでいる。

――こんなお店、あったっけ？

店の外観はみすぼらしいけど、おいしそうな匂《にお》いを漂《ただよ》わせている。飲食店に一人で入ることなんてないから緊張《きんちょう》してなかなか入れない私を、腹《はら》の虫がキュウッと鳴いて急《せ》かしてきた。

よし、今日の夕飯はこの食堂で食べよう。勢《いきお》いよく、ガラリと引き戸を開けた。

ひと目でここが人気店だとわかった。十以上あるテーブルがほぼ満席状態《じょうたい》だからだ。でもそのわりに店内は静かで会話の声がまるでなく、カチャカチャと食器の音だけがしていた。

中央のテーブルに案内されると、メニューを見るフリをして相席の客を見た。ヘルメットと作業服姿《すがた》の三人がラーメンを食べている。隣《となり》のテーブルにはパジャマ姿《すがた》の男性《だんせい》とリュックサックを背負《せお》った小学生の男の子と女の子。みんな一言も発さず、黙々《もくもく》と食事をしている。

店内には今どき見かけない箱型のテレビがあり、クイズ番組がついていたけど誰《だれ》も見ていない。新聞やスマホを見る人もいない。誰《だれ》もが料理だけを見て、無言で箸《はし》を動かしていた。

お通夜《つや》みたいな重たい空気に食欲《しょくよく》を奪《うば》われつつあった私は、店選びを早まったことに後悔《こうかい》していた。けれど、料理がテーブルに運ばれてきてから、その気持ちは一転した。

私の注文したトンカツ定食は、今まで食べたどの料理よりもおいしかった。揚《あ》げたての衣《ころも》がサクッとして、肉はジューシーで柔《やわ》らかく、酸味《さんみ》のある濃厚《のうこう》なソースがたまらない。刻《きざ》みキャベツも新鮮《しんせん》で、シジミの味噌汁《みそしる》はシンプルだけど絶品《ぜっぴん》。私は箸《はし》を止められなかった。

みんなが黙々《もくもく》と食べている理由がわかった。おしゃべりを忘《わす》れるくらい料理に夢中《むちゅう》になっているんだ。この食堂はネットにも載《の》っていない、知る人ぞ知る『隠《かく》れた名店』なのだろう。幸せな気持ちで料理を味わっていると、店のテレビでニュースが始まった。

『──今、入ってきたニュースです。体調不良のため、昨年十月から呉名《くれな》市内の病院に入院していたスーパーマーケット・タルコシ濃戸《のど》町店の店長・舟木土五郎《ふなきどごろう》さんが──』

思わず箸《はし》を止め、テレビを見上げた。地元のスーパーの名前が出たからだ。

他の客も箸《はし》を持つ手を止めて、食い入るようにテレビ画面を見ている。

『──昨夜未明、容態《ようだい》が急変し、現在《げんざい》も意識《いしき》不明の状態《じょうたい》が続いていますが、もう間もなく、死亡《しぼう》するでしょう』

ガタン。隣《となり》のテーブルにいた、パジャマの客が急に席を立った。私はその人を、どこかで見たことがあるような気がしていた。

パジャマの客は暗い表情《ひょうじょう》で「だめだったか」とうめくように言うと、まだ生姜《しょうが》焼き定食が半分以上残っているのにテーブルにお金を置いてとぼとぼと店を出ていった。すると、私以外の客は一斉《いっせい》に食事を再開《さいかい》し、店内に箸《はし》が茶わんをつつく音が戻《もど》ってきた。

少したってから思い出した。パジャマの客は、地元のスーパーの店長さんだった。

「前半は幸せそうなのに、後半はなんだかホラーな夢《ゆめ》ね」

看護師《かんごし》の佐野《さの》さんは笑いながら、私の顔の傷《きず》に当てたガーゼを交換《こうかん》してくれた。それから血圧《けつあつ》を測《はか》って頭痛《ずつう》や吐《は》き気《け》がないか、自分の名前と生年月日が言えるかと質問《しつもん》してくる。

「昨日もしたけど、この質問《しつもん》って意味あるんですか？」

「あるわよ。脳《のう》が正常《せいじょう》に働いているかどうかを確《たし》かめているんだから」

三日前の夕方、家族で外食することになってパパの運転する車で店に向かっていた私は、事故《じこ》に遭《あ》った。といっても、その時の記憶《きおく》はない。気がついたら病室のベッドの上だった。

聞いた話によると、酔《よ》っ払《ぱら》い運転のトラックが横から突《つ》っ込《こ》んできたらしい。頭を強く打った私はこん睡状態《すいじょうたい》となり、昨日の朝になって意識《いしき》が回復《かいふく》したのだ。運よく他に怪我《けが》はなかったけど、頭の検査《けんさ》は続けつつ、しばらくの間は安静にしていなければいけないようだ。

パパとママは別の病室で治療《ちりょう》を受けていて、まだ会えていない。私よりほんの少しだけ怪我《けが》の状態《じょうたい》が重いらしい。とても心配で怖《こわ》かったけれど、佐野《さの》さんが「心配ないわよ」と明るい笑顔《えがお》で元気づけてくれていたから、私の精神状態《せいしんじょうたい》は安静を保《たも》てていた。

「私の脳《のう》、正常《せいじょう》じゃないかもなぁ。だって、あんなに変な夢《ゆめ》を見たし……」

不思議な食堂でのことはすべて、こん睡状態《すいじょうたい》の時に見ていた私の夢《ゆめ》だった。「夢《ゆめ》を見るのは脳《のう》が正常《せいじょう》に働いている証拠《しょうこ》よ」と言って佐野《さの》さんは笑うけど、それにしても奇妙《きみょう》な夢《ゆめ》だった。異様《いよう》に静かな店内。黙々《もくもく》と食事をするだけの客。不気味なニュース。夢《ゆめ》に意味なんてないんだろうけど、私は妙《みょう》に気になっていた。

いちばん気になっているのは、あのトンカツ定食だ。頬《ほお》ばった時の味と感動は忘《わす》れられない。あれがすべて脳《のう》の作った嘘《うそ》だったなんて信じられないし、信じたくなかった。

「本当にリアルな夢《ゆめ》だったなぁ。思い出すだけで口の中によだれが湧《わ》いてくるもの」

「夢《ゆめ》で味がするのは不思議ね。もしかしたら」佐野《さの》さんはカルテから私に視線《しせん》を移《うつ》す。「記《き》憶《おく》がないだけで、あなたはそのお店でトンカツ定食を食べたのかもね」

「記憶喪失《きおくそうしつ》ってことですか？　まあ、でもたしかに体験したみたいにリアルだったけど……店を探《さが》してる時に事故《じこ》に遭《あ》ったんだから、それはないですね」

「事故《じこ》のショックで記憶《きおく》が前後することはよくあるのよ。散り散りになった記憶《きおく》を脳《のう》ががんばってかき集めて、ちぐはぐの記憶《きおく》を形成するの。数日たてばちゃんと整理されるけどね」

「じゃあ、退院《たいいん》したら探《さが》してみようかな、その食堂。思い出したらお腹空《なかす》いてきちゃった」

今日の夕食の献立《こんだて》はなんですかと聞くと、「おいしい点滴《てんてき》よ」と笑顔《えがお》で返された。

幸い、パパとママの容態《ようだい》も深刻《しんこく》なレベルからは脱《だっ》し、順調に回復《かいふく》へと向かった。

そして、私たち家族は三人そろって、同じ日の午後に退院《たいいん》することになった。

帰宅《きたく》してすぐ、ママの悲鳴がキッチンに響《ひび》きわたった。冷蔵庫《れいぞうこ》の中のものがほとんど腐《くさ》ってしまっていたのだ。無理もない。私たちは何か月も入院して家をあけていたのだから。

「しかたがない、夕飯は出前でも頼《たの》むか」とパパが笑いながら言った。

「そうね、今から買いに行くのも大変だし。ねえ、なに食べたい?」

そう聞かれた私は、夢《ゆめ》で見た食堂のことを家族に話した。あのトンカツ定食の味を忘《わす》れられなかったのだ。もしあれが夢《ゆめ》ではなくて現実《げんじつ》なら、ぜったいにまた行きたい!

「食堂……ああ、そういえばあったなあ。うん、覚えてる覚えてる……」

「不思議ねぇ」とママは小首をかしげた。「あれって、夢《ゆめ》だと思ってたのに……」

「俺もだよ」とパパはうなずいた。二人とも私と同じように、事故《じこ》で意識《いしき》を失っている間に見た夢《ゆめ》として、あの食堂のことを記憶《きおく》していた。夕暮《ゆうぐ》れ時の町をさまよってあの食堂に辿《たど》り着き、一人で夕食を食べるという夢《ゆめ》の内容《ないよう》まで一緒《いっしょ》だった。ちなみにパパはカレーライス、ママは肉野菜炒《にくやさいいた》めを食べたらしい。感動するくらいおいしい料理だったそうだ。

もう決定的だ。ここまで同じような夢《ゆめ》を見るなんてことはないだろう。私たちはやっぱり、実際《じっさい》に行った店の記憶《きおく》を家族そろって事故《じこ》のショックで忘《わす》れてしまっているのだ。

「探《さが》しに行ってみようよ、その食堂」

「探《さが》すっていったって……場所も店名もわからないのにか？」

「食堂の外観はなんとなく覚えてるし、たぶん私、見つけられるよ」

「いいじゃない。探してみましょうよ。また、あの食堂で食べてみたいし」

こうして私たちは夢《ゆめ》と現実《げんじつ》のあいだをぷかぷか浮《う》かぶ幻《まぼろし》のような食堂を探《さが》すため、パパの運転する車で夕暮《ゆうぐ》れ時の町を巡《めぐ》ったのだ。

あの時もそうだった。私たちが事故《じこ》に遭《あ》った日。たまの外食だから、変わったお店に入りたいねって、こうして車で町中を探《さが》してまわったっけ。

「――おーい、起きろ。着いたぞ」

どうやら眠《ねむ》っていたらしい。顔をあげた私は「わあっ」と喚声《かんせい》をあげた。

文字のかすれた看板《かんばん》。黄ばんだ暖簾《のれん》。曇《くも》ったショーケースの中の古そうな食品サンプル。

間違《まちが》いない。ここだ。車から降《お》りると、気の早い私のお腹《なか》がキュウッと鳴った。

店内はほぼ満席。私たちを待っていたように真ん中の四人席だけがあいていた。

「車で来なきゃよかった。ビールぅぅ」「ざーんねん。水で我慢《がまん》して」「ちぇー」

いつものパパとママなら、そんな会話を始めるのに、二人とも店に入った途端《とたん》、無言になった。他のテーブルの客も会話はなく、黙々《もくもく》と食事をしている。ああ、夢《ゆめ》で見たままだ。

私たちの隣《となり》のテーブルには、リュックを背負《せお》ったままの小学生の男の子と女の子がオムライスを食べている。あれ？　この子たちって、夢《ゆめ》にも出てきたような――気のせいかな。

私は迷《まよ》わず、トンカツ定食を注文した。十数分後、テーブルに運ばれた料理に私たち家族は夢中《むちゅう》になり、会話も忘《わす》れて、ただ黙々《もくもく》と箸《はし》を動かし続けた。

――これこれ！　この香り。この味。サクッとして、ジューシーで、ああ、たまんない！

一心不乱《いっしんふらん》にカツを頬《ほお》ばっていると、唐突《とうとつ》にテレビでニュースが始まった。

『――先月の十日、K市の県道で、Y小学校の生徒四十一人と学校職員《しょくいん》二名の乗った遠足バスが横転する事故《じこ》がありましたが――』

私は箸《はし》を止め、カツからテレビに視線《しせん》を移《うつ》す。Y小学校は私の卒業した学校だった。

周りを見ると他の客も箸《はし》を持つ手を止めて、テレビ画面を見つめている。

『――二年生の小塚勇気《こづかゆうき》くんと広川《ひろかわ》ゆかりちゃんが意識《いしき》不明の重体でしたが、先ほど小塚勇《こづかゆう》

遠足バス横転
小学生1名　まもなく死亡
カツ丼
親子丼
海鮮丼
チャーハン
カレーライス
オムライス
天丼
天ぷらそば
月見そば
かけそば
ラーメン
ビール
ソフトクリーム

気《き》くんの容態《ようだい》が急変し、間もなく、死亡《しぼう》するでしょう』

するとリュックを背負《せお》った男の子のほうが席を立った。オムライスはまだ半分以上残っている。私の目は男の子のリュックサックから下がる名札に止まる。

『二年六組　こづかゆうき』――ニュースで言っていた名前と同じだ。

リュックサックを背負《せお》った男の子は、しょんぼりしたようすで店を出ていった。

『ニュースを続けます』とキャスターが淡々《たんたん》と次のニュースを読み上げる。

『今月の六日、自宅《じたく》の屋根にアンテナを取りつける作業時に誤《あやま》って転落し、頭を強く打って意識《いしき》不明の重体だった建設業《けんせつぎょう》の笠原健二《かさはらけんじ》さんですが、間もなく、意識《いしき》が戻《もど》るでしょう』

「やった!」という声が聞こえた。入り口近くの席で男の人がガッツポーズを作っている。泣いているけどうれしそうで、テーブルにお金を置くとすぐに店を飛びだしていった。

その人と入れ替《か》わるように、入院着を着たおじいさんがふらふらと店に入ってきて、今あいたばかりの席に座《すわ》った。どう見ても、病院から抜《ぬ》け出してきたようにしか見えない。

客たちは食事を再開《さいかい》し、カチャカチャという箸《はし》の音が戻《もど》ってくる。

それからも、ニュースで死亡《しぼう》が報《ほう》じられると、食事の途中《とちゅう》でも客ががっかりして店を出て行き、無事だと報《ほう》じられると安堵《あんど》の息を漏《も》らして喜びの表情《ひょうじょう》で帰っていくということが続く。

怖《こわ》くなった私はパパとママに「帰ろう」といった。この食堂はおいしいけど、なんか変だ。

パパとママは同時に顔を上げた。その目は私ではなく、テレビの画面を見ていた。

『——先週十六日、S町交差点を車で通過中《つうかちゅう》、飲酒運転のトラックに追突《ついとつ》され、意識《いしき》不明の重体で市内の病院に搬送《はんそう》された会社員の○○さんと、その妻《つま》××さんですが——』

キャスターが伝えたのは、私のパパとママが『まもなく、死亡《しぼう》する』ということだった。

「え、どういうことなの？」と私が聞くと、ママは「ごめんね、いかないと」と席を立った。

「さすがにこれは、家族そろってとはいかないか……」

パパはテーブルに食事代を置くと、呆然《ぼうぜん》とする私を残してママと二人で店を出ていった。


私は病院のベッドで目を覚ました。担当《たんとう》の先生の話によると、私は佐野《さの》さんに夢《ゆめ》の話をしている途中《とちゅう》で急に意識《いしき》を失い、それから六日間、こん睡状態《すいじょうたい》に陥《おちい》ったらしい。

その間にパパとママは、天国に旅立ってしまったそうだ。

あの食堂は生死をさまよう者が辿《たど》り着く場所なのか。それとも、ただの夢《ゆめ》だったのか。

一人残された私は孤独《こどく》と絶望《ぜつぼう》に、泣く日々を送るだろう。そして疲《つか》れ果てた私は自らの選《せん》択《たく》で、そう遠くない日に三度《みたび》、あの食堂の黄ばんだ暖簾《のれん》をくぐることになるだろう。

責任編集 **黒 史郎**（くろ しろう）

「夜は一緒に散歩しよ」で第一回「幽」怪談文学賞長編部門大賞を受賞。著書に『深夜廻』『小説ミスミソウ』『貞子vs伽椰子』『童提灯』『幽霊詐欺師ミチヲ』などがある。

『ルールを守るすてきな町』『時計屋敷』『完璧な女性』『生え変わり』『兄ちゃんをこわがらせたい』『たそがれ時の食堂』

竹林七草（たけばやし ななくさ）

1976年生まれ。埼玉県在住。『猫にはなれないご職業』で作家デビュー。著書に『お迎えに上がりました。 国土交通省国土政策局幽冥推進課』などがある。

『天井裏の足音』『うつぼ箱』『転ぶ椅子』『こっくりさん症候群』『わたしだけ視えない』

尼野ゆたか（あまの ゆたか）

「ムーンスペル!!」でファンタジア長編小説大賞佳作を受賞。近畿人。著書に『十年後の僕らはまだ物語の終わりを知らない』『フロムエース』などがある。

『財布の中の十円玉』『お姫さま気分』『日記』『いらないプレゼント』『人気のない病院』

針谷卓史（はりや たくし）

1977年生まれ。「針谷の小説」で第十三回三田文学新人賞を受賞。著書に『花散里』『針谷の短篇集』『これで、ハッピーエンド。』などがある。東京都在住の高校教師。

『答案用紙』『吹奏楽部の合宿』『マンガのつづき』『町にひそむモノたち』『隣の部屋の手紙』

大橋崇行（おおはし たかゆき）

1978年生まれ。愛知県在住。作家のほか、近代文学研究者の顔をもつ。著書に『司書のお仕事 お探しの本は何ですか?』『レムリアの女神たち』などがある。

『絶対間違ってはいけないカラオケボックス』『ノートパソコンの妖精さん』『エンゼルアプリ』『私が死んだ?』『草笛亜沙美はなぜ幽霊になったのか』

ふすい

装画・口絵

水溜鳥（みずためとり）

挿絵

編集協力　福ヶ迫昌信（エディット）

資料提供　Getty Images

5分後《ふんご》に起《お》こる恐怖《きょうふ》

世《よ》にも奇妙《きみょう》なストーリー 影《かげ》彷徨《さまよ》う町《まち》

2018年9月10日発行　第1版

著　者　黒 史郎、尼野ゆたか、大橋崇行、竹林七草、針谷卓史

発行者　若松和紀

発行所　株式会社 西東社

〒113-0034　東京都文京区湯島2-3-13

http://www.seitosha.co.jp/

営業　03-5800-3120

編集　03-5800-3121〔お問い合わせ用〕

※本書に記載のない内容のご質問や著者等の連絡先につきましては、お答えできかねます。

ISBN 978-4-7916-2749-3